ちくま文庫

鉄道エッセイコレクション

「読み鉄」への招待

芦原伸 編

筑摩書房

目次

各駅停車

蒸気機関車

夜行列車

駅

鉄道員

鉄道エッセイコレクション

――「読み鉄」への招待

各駅停車

三陸で念願の国鉄全線完乗——久慈線・宮古線・盛線

種村直樹

北三陸めぐりの足 久慈線・宮古線

東北本線の八戸から分岐する八戸線の終点久慈《くじ》は、久慈線の起点でもある。列車本数が久慈から先は一日五往復と少なくなるが、下りの快速〈久慈〉は久慈から各駅停車になって普代《ふだい》まで直通するし、八戸線と久慈線は、わざわざ線路名称を分ける必要がないほど一体になったローカル線だ。

久慈線の開通は七五年七月で、それまでは久慈が終着駅だった。地味な町だが、宮古の近くにある有名な浜辺と同じ名の浄土ヶ浜、小袖《こそで》海岸付近は俗化していない断崖の磯の姿を楽しめるし、久慈に途中下車してから久慈線の旅を始めてはいかが。

久慈をあとにしたディーゼルカーは雑木林の中を登り、トンネルを抜けて、最初の停車駅、陸中宇部に向かう。久慈線は無人駅ばかりなので、地元の人たちが乗り降りするたび、車掌さんはきっぷを売ったり集めたりで忙しい。しばらく田園地帯を走って陸中野田を過ぎると、左手の松林ごしに、海がちらちら見える。

今にも海辺に近づくかと思うとトンネルに飛び込み、気を持たされるうち野田玉川駅。ようやく小さな港が顔を出し、波の泡立ちまで見えるが、このあともトンネル、またトンネルの連続。海岸線のすぐそばまで台地がせまり、複雑に凸凹しているリアス式海岸のいたずらだ。

堀内《ほりない》駅あたりで、もう一度、港が現われ、短いトンネルを二つくぐれば大沢橋梁。左下は海岸、右手上に国道四五号線の赤い堀内大橋を見上げる久慈線一のハイライトである。トンネルの数を数えるのにくたびれたころ、右側に集落が見え、普代に到着する。

普代も無人駅で、ホームへ降りた車掌がきっぷを集めるのだが、陸中海岸観光の入り口で、国鉄バスのターミナルでもあるため、堂々とした駅舎が建つ。築堤上のホームから駅舎へ地下道が通じ、待合室も広々している。簡易委託のきっぷ売り場に売店、食堂が並び、みやげもの屋から、地元向けの商店までそろっていた。

バスに船に乗りついで

普代駅前には、太田名部《おおたなべ》港を経て、シーサイドライン有料道路を黒崎燈台、北山崎へと観光客を運ぶ国鉄バスが発着する。バス一〇分たらずの太田名部港から、島ノ越《しまこしま》、真崎《さき》、宮古の浄土ヶ浜と、リアス式海岸を見あげながら南下する観光船も出る。バスか船かは、お好み次第だが、どちらにしても乗り継ぐだけだと、北部陸中海岸の魅力は充分味わえない。

ひとまず太田名部港で下車して、ウミネコの群れ飛ぶ海岸を歩く。ニッコウキスゲや松の木が生える岩山のような島の周囲に、まるまる太った無数の白いウミネコが、ギャアギャアニャーゴとうるさいこと。波の中に頭を出すテトラポッドの上も、ウミネコで満員。一斉に飛び立つかと思えば、さっと舞い降り、同じ方向に首をかしげて羽を休める姿は、なかなか愛敬がある。

シーサイドライン――北部陸中海岸有料道路で黒崎燈台をめざす。黒崎の岬一帯は、黒崎園地として、国民宿舎「くろさき荘」を中心に遊歩道が縦横に通じ、豪快な眺めの展望台がいくつもある。「くろさき荘」では手ごろな値段で、新鮮な磯料理の昼食もとれる。燈台の正式な名前は、陸中黒崎燈台。まっ白な姿が断崖の上に浮き立って、記念写真を撮る人々が順番待ちしている。太平洋戦争中は米軍の軍艦が見えたそうだが、今は北海道航路の長距離フェリーや、横浜―ナホトカ航路のソビエト船が沖合を往来する。

ここでも榎本武揚《えのもとたけあき》の名を聞いた。一八六八年（明一）の戊辰《ぼしん》戦争で、宮古湾の海戦に敗れた榎本武揚がこの地に上陸、北上する官軍の艦船を砲撃しようと砲台を築いたという。その秋、榎本は箱館（函館）の五稜郭を占領、独立国を夢見たが、翌一八六九年（明二）官軍に敗れて降伏した。「開陽丸」沈没は五稜郭入城後、松前藩と戦った一八六八年一一月である。黒崎の砲台跡も、緑地帯の休憩所に変わった。

普代のキャッチフレーズのひとつは「北緯四〇度東端の村」で、その北緯四〇度線は、黒崎燈台の五〇〇mほど南にある。北緯四〇度線を西へたどると、東北地方を横断して男鹿《おが》半島の入道崎《にゆうどうざき》、北京、アンカラ、マドリード、アメリカ大陸のフィラデルフィアに通じる。北緯四〇度線を徒歩旅行する東京の若者グループの話を新聞で読んだことがあり、いずれ世界一周に挑戦の目標とかだったが、その後、どうなったろう。

お隣り田野畑《たのはた》村の北山崎展望台までは国鉄バスで一〇分、断崖沿いの遊歩道をたどると、階段の上り下りが激しくて、標準タイムは二時間半とのこと。北山崎の突端を歩くと、かつて陸中海岸国立公園記念切手の図柄になった海蝕洞門の景観が広がった。ときどき霧の湧き上がる岩肌に見入っていたら、野生のカモシカが崖っぷちに現われ、悠然とあたりを見まわして雑木の中へ消えた。

北山崎は、普代方面からのバスと、観光船基地の島ノ越港、鍾乳洞の龍泉洞《りゆうせんどう》方面ゆきバスの乗り継ぎ停留所になっている。龍泉洞から岩泉線の終着駅岩泉へ、あるいは途中の小本《おもと》で乗り換えて、宮古線の終着駅田老《たろう》近くへ出られる。

“三陸縦貫鉄道”の建設進む

普代と田老の間約三二㎞は、鉄道公団が久慈線の延長工事中で、かなり路盤ができあがっている。トンネルまたトンネルの新線で、海岸線には遠く、海の見えるのは島ノ越港あたりだけだろう。完成時期は未定だが、将来は青森県の八戸と宮城県の小牛田《こごた》を太平洋岸沿いに結ぶ三五七㎞の〝三陸縦貫鉄道〟の一環になる。未開通区間は、ここと釜石—盛《さかり》間の盛線延長部分だけになった。

田老へ出ると、津波の防波堤が長くのび、異様な感じを受ける。近くは一九三三年（昭八）に一〇mの津波に見舞われ、全滅に近い被害が出た。防波堤から三王岩《さんのういわ》の遊歩道へ歩くと、見上げるような崖に、一八九六年（明二九）と一九三三年に襲った津波の高さが白線で刻まれていた。この先の国民宿舎「三王閣」はホテルと見違うような施設で、おすすめできる。

田老駅は町はずれの無人駅。駅前の町の案内所で「宮古駅発行」のきっぷを売っていた。築堤上のホームを折り返したディーゼルカーは、すぐトンネルにはいり、どこまでも沢を渡ってはトンネルの連続。七二年二月開通時には三往復だった列車が四往復にふえ、通学の足になっている。左下に宮古湾がちらりと顔をのぞかせれば、右手近く山田線のレールが近づいて宮古駅へはいった。駅弁「あわびめし」でも食べるとしよう。

宮古から山田線で盛岡へ向かえば、北上山脈の分水嶺である区界《くざかい》を越えてから、浅岸《あさぎし》・大志田《おおしだ》とスイッチバック駅が二つもあり、楽しみ。

盛線を国鉄全線完乗の地ときめる

全国に数あるローカル線の中でも、僕にとって盛線は、ひときわ印象深い。七九年八月三〇日、この盛線を最後に、国鉄が旅客営業している全線を完乗したからだ。盛線は盛—綾里《りょうり》間の開通が七〇年三月、吉浜へのびたのが七三年七月と比較的新しい線ではあるが、なぜか最後まで残った。七七年一二月の気仙沼線全通の直前、釜石からバスで盛へ向かったときも、時間の都合で乗りそびれている。

盛線で全線完乗となれば、盛から吉浜へ向かって万歳するのが自然なのだが、吉浜が集落からはずれたわびしい無人駅であることは知識として知っていたし、盛という字面に魅かれ、盛を〝完乗駅〟にきめた。六月中旬には、吉浜一三時二六分発盛ゆき526Dで盛駅へ立つことにし、北川宣浩《きたがわのぶひろ》クンのアイデアで「あなたの記念キップ」の盛駅記念入場券を東京駅旅行センターに申し込んだ。記念きっぷは七月末にできあがり、かくかくしかじかで当日入鋏《にゅうきょう》してもらうからよろしくと盛駅長宛に送ったが、めでたいとも迷惑だとも返事がなく、無愛想な駅だなと思う。

その前夜、おなじみ辻聡クンと浦和市の高校二年生、瀬端浩之クンの三人で、大船渡駅前の宿に泊まった。盛駅の方が都合よかったが、農業団体の集会とかで満員お断りだったのだ。明けて三〇日、七時二分発、岩手開発鉄道のディーゼルカーで岩手石橋へ。スイッチバックの終着駅では、駅の構造をゆっくり眺め、石灰石の貨車積み込み現場を見学できたうえ、勤務明けの駅員が自家用車で日頃市《ひごろいち》駅まで送ってくれ、幸先よいスタートである。二番列車は日頃市始発なので、三㎞あまり歩く覚悟をしていただけに大助かりだ。

あまり早くから吉浜駅へ行っても芸がないし、バスで碁石《ごいし》海岸を往復、碁石岬の散歩を楽しんだ。帰りのバスあたりから、胸がどきどきし始める。

碁石海岸からのバスが盛バスセンター着一二時四五分、同時刻発の釜石ゆきがあり、運転手に尋ねると大丈夫乗れるという。念のため、「国鉄の吉浜駅は、どこで降りればいいかしら」と聞いたのがよかった。「全く見当が違うね。鉄道は海寄りだし、釜石ゆきは山を走る。最も近い停留所で降りても、二〇～三〇分は歩かにゃならんぞ」

さあ大変、そんなに歩いていては５２６Ｄに間に合わない。若い仲間が何人か来てくれるようだし、本人が乗り遅れたりしては、レイルウェイ・ライターの面目まるつぶれである。盛バスセンター前のタクシー乗り場に飛び込んで、「急げ、吉浜駅！」

吉浜は案の定、なにもない駅だった。駅前になんでも屋さんのような家が一軒あるものの閉店中。単線のレールに張りついたホーム中ほどに、待合室がひとつ。なんと、その中に安眠マスクをかけた北川宣浩クンが横になっていた。前の晩、東京でＣＭディレクターとして勤め先の仕事を終えたあと、夜行に乗り、釜石線の釜石駅から、やはりタクシーを奮発したという。そこへ毎日新聞盛岡支局の記者が、「種村さんという方は……」と現われた。びっくりしたのは僕だけで、北川クンや瀬端クンは、我が意を得たりとばかり、にんまりとしている。このあたりから事情が少しずつ明らかになってくるのだが、若いグループが、密かに地元の報道機関や盛駅などに、完乗のPRをしていたのだ。

一三時二一分、折り返し526Dとなる二両編成のディーゼルカーが到着。どちらもグリーン格下げ車で、我孫子市の大学四年・谷本保志クン、東京世田谷区の大学三年・蓑谷典雄クン、水戸市の高専一年・高荷敦クンの顔が見えた。運転士と車掌さんに、完乗記念入場券をプレゼントして内祝いするうち、もう発車時刻。

車内で毎日新聞記者のインタビューが始まり、完乗までの経過とか、国鉄に対する感想などを問われるままに語る。北川クンたちは車内で色紙をまわして寄せ書き。途中駅で、小金井市の大学四年、岩成義千クンが乗ってきたのは分かったが、沿線の景色の方は、やたらにトンネルが多く、ときどき左手遠くに海が見えたのを覚えているだけ。東北ワイド周遊券を持っていたが、乗車記念に吉浜から盛までの車内補充券がほしいと思っていたら、だれか気をきかして買ってくれた。お金を払ったかどうか定かでない。

盛の町なみと岩手開発鉄道のレールが前方に見えると、いよいよ終着、盛。ゆっくり腰をあげ、若者たちに囲まれてホームへ降りたら、驚いたことに、藤村誠基盛駅長ら盛岡鉄道管理局の方、花束を持ったお嬢さん、それに数人の記者が待ち受けていた。盛到着を告げていた駅ホームの放送も、いつか「完乗おめでとう」と祝電披露に変わったようである。花束をいただき、何度も写真を撮られた僕の後ろに、祝完乗の横断幕が広がっている。北川クンが東京で用意して隠し持っていたらしい。なんとも照れくさく、そしてまた嬉しいことか。

〝三陸縦貫鉄道〟全通の日に

興奮は、まだまだ続いた。盛駅の駅名標の前で、北川クンが若い仲間からの完乗表彰状を声張りあげて朗読した。表彰状と名のつくものを手にしたのは、中学を卒業するとき、郵政事業に協力したとかで大津郵便局長からプレゼントされて以来である。校内の切手展などを主催したのを喜んでくれたらしい。この二枚の表彰状では、重みが全く違う。そして、表彰状を手にバンザーイ。

盛駅へは、甲府市の日旅職員、篠原晴雄さんも来てくれた。篠原さんは七四年以来の熱心な読者で、すでに七〇年九月、三江《さんこう》線浜原駅で全線完乗している〝先輩〟でもある。仲間も一緒に駅長室へ招かれて、盛鉄局長と盛駅から記念品と色紙をいただき、記者会見、駅前で記念撮影と、ことが運んだ。愛想のない駅だなどと考え、悪かったなと思う。ヤングの根まわしで、駅長さんも当日まで秘密を守っていたのだろう。

全線乗りつぶしなどというたくらみは、しょせん遊びにすぎない。僕の場合、仕事が仕事だっただけに、このような派手やかなことになったが、本来は、一人で静かにコップ酒でも傾けるにふさわしいものではなかったかと申しわけない感じもする。こうなってしまった以上、ますます内外の鉄道に乗り歩き、ひとつでも多くの駅に降り、より多くの人に楽しんでもらえる作品を送りだして、汽車旅ファンをふやしてゆくのが道というものであろう。

盛駅も〝三陸縦貫鉄道〟の一環だ。全通の日、また、この駅に立とう。東北新幹線に連絡する軽快なデザインの観光列車を走らせたいものである。

東海道本線各駅停車の旅

立松和平

時刻表を繰った。東海道本線下りのページは、新幹線連絡早見表のすぐ後、つまり国鉄線時刻表の実質的な第一ページからはじまることに、今さらながらに気づいたのだった。時刻表をみることから私は旅の第一歩を踏みだした。

「間もなく、八番線に電車がはいってきます。白線までおさがりください」

雨の東京駅八番ホームにアナウンスが響いた。オレンジと緑のツートンカラーの車両に乗り込むと、ビキニの女が波打ち際で水しぶきを上げている大磯ロングビーチの中吊り広告が目についた。車内はがら空きで、何処にすわってもよいのだった。

午前八時十九分発熱海行きは、定刻にゆるゆると動きだした。東京駅の赤レンガや丸の内のビル街が、水の膜に包まれて煙っていた。雨の粒がガラス窓にぽつっぽつっと弾け、斜線を引いた。私は靴を脱ぎ、向かいの座席に足を投げた。新橋を過ぎ、品川でほぼ満員となり、私は靴をはいた。車内はやや遅めの通勤電車の表情だった。

蒲田付近で、工場に向かう道路を、色とりどりの傘の群が進んでいるのが見えた。灰色のねっとりとした多摩川を渡ると、川崎だ。人が降りて、それ以上乗ってきた。反対ホームの横須賀線の車両は超満員で、人の顔が押しつけられたガラスが息で曇っていた。それにくらべればこちらはのんびりしている。乗客は眠るか、新聞を読んでいるかだ。

八時四十七分横浜着。京浜東北線のライトブルー、横須賀線のブルーとクリーム色、東海道本線のオレンジと緑、八王子行き横浜線のライトグリーン、京浜急行の赤と白等々、鮮やかな電車がホームにはいっていた。

九時六分大船発。会社の業務がはじまって得意先などに移動するのか、立っている人がでた。ここ空いてますよというと、子供を抱いた若い母親が、背中のザックを足元に置いて私の隣にかけた。赤ん坊が母親の胸にしがみついている。思わず私は声を掛けた。

「七カ月でしょう」

「六カ月です」

笑いながら母親は次の藤沢で降りていった。小田急の白い車両が見えた。

平塚駅のホームにサーフボードを持った若者が一人立っていた。東京への通勤圏はおよそこのあたりまでだ。東京駅から六十三・八キロ。東海地方に近づいたらしく、土地は起伏に富んできて、家々は丘陵の間に固まった。

国府津駅は相模湾に面した高台にあり、車窓から灰色の海が眺められた。街は線路と海の間に細長くつづき、やがて濡れた緑の丘と丘とを結ぶ間に海は見え隠れしはじめた。このあたりにくると車内はがら空きだ。小田原で五分間停車した。

早川を過ぎると車窓に海が迫った。小さなトンネルを抜けるとまた海だ。雨に煙った広大な海が傾いて眼下にひろがった。海岸線を走るのは真鶴有料道路である。

湯河原駅、三分停車。湯治らしいおばさんたちのグループがはしゃぎながら降りてしまえば、車内は静まりかえった。駐車場になった線路脇の空地を、ずぶ濡れになった黒犬が歩いていた。山腹に茶畑と白い家とが見えた。眠くなってきた。もうすぐ終点だ。十時二十四分熱海着。

十時二十七分熱海発浜松行きに乗る。外は温泉ホテルのビルの森である。窓を開ければ湯のにおいが届くに違いないが、雨のため閉めきっていた。何千人何万人もが通過して溜まった体臭が、古い車内に籠っている。一度トンネルをくぐっても、温泉街はまだつづいている。港をいく伊豆大島行きの連絡船は、ここからでは動いているのかいないのかわからない。長い長い丹那トンネルにはいり、車内は夜になった。中吊り広告は静岡競輪だ。

眠ってしまった。目を開くと、沼津のひとつ先の原だ。三十分近く眠ったことになる。踊る大男の群のような千本松原が目にとまった。車窓を通り過ぎていく家の庭に目を洗うような紫陽花が咲いていた。松原の向こうは駿河湾だ。富士山は霧の中に沈み、麓だけが黒ずんで見えた。

吉原駅付近の田子の浦には製紙工場や発電所がならんでいた。クリーム色の新幹線がパンタグラフから青白い火花を散らしながら、高架線上を曇り空を切り裂いて疾走していった。ひどくあわてている様子だ。富士川濁流に腰までつかって釣人が糸を垂れていた。水田には紙屑を散らしたように白サギの番《つがい》が遊んでいた。由比駅のホームには、紫陽花、たちあおい、つつじ、バラが、丹精込められ花をつけていた。

「カマメシー、シューマイー、ベントー……」

浪花節のように押し潰した声で売り子が窓の外を通り、あたりは急ににぎわしくなった。静岡駅だ。二分間の停車時間に立喰いそばの売店に乗客が走り、発泡スチロールの丼を両手で持ってきた。私の隣の席にきた男がすぐに眠りはじめ、デパートの紙袋を三つ下げてきた正面の席の女が文庫本をひろげた。行商らしい大荷物のおばさんがホームを歩いていた。電車が動きだすと、二人連れの若い女があたりはばからぬ声で話しはじめた。

「高校の先生に二年ぶりで会ったんだ。道で。お茶飲みにいこうって誘われたんだけどさー。気持悪いよねー」

「前からそういう先生だったじゃない」

「先生だからいやなのよ」

風が吹いているのが、焼津駅のホームにいる人の服が揺れていることでわかった。駅前広場の街路樹が身もだえしていた。早退してきたのか、熱にうるんだような目の色白の女学生が乗ってきた。

大井川の緑色の鉄橋を渡ると、川向こうの島田に工場の白煙がおびただしく立っていた。白煙は低い灰色の空に届いた。茶畑になった山の襞に霧が煙のように動いていた。

十三時十四分浜松着。

十三時三十分浜松発大垣行き。十六分の待ち合わせ時間に、名物うなぎ弁当を買った。蒲焼は、背から開き蒸してタレをつけて焼くのが関東風、腹を開き蒸さずにタレをつけて焼くのが関西風、浜松は日本の真中だから背から開き蒸さずにタレをつけて焼く、と弁当の蓋に説明書きがあった。

各駅停車でいけば、まだまだ日本は広い。電車に乗ること自体が旅なのだ。車内の中吊り広告は、浜名湖競艇と蒲郡競艇になった。おばさんが座席に正座し、膝の上にコートとハンドバッグを置いて眠っていた。

弁天島は浜名湖の駅だ。鉄橋上を走っている時、横なぐりに降る雨の中を新幹線に追い抜かれた。私は自分が後退っていくように感じた。鉄橋の下には釣船がたくさん揺れて浮かんでいた。釣人は合羽を着ていた。新所原のホームは吹きさらしで、雨下の花が咲き乱れていた。雨が地面に跳ね、花のかたちで盛り上がる。透明な花は咲いたそばから崩れるのだった。

　向かい側のボックス席で小冊子「健康百科」を読んでいた三十代半ばの女が、突然化粧をはじめた。頬をパフでたたき口紅を塗るあからさまな様子に、正面の若い男が困った様子で視線を落とした。女は豊橋で降りていき、競艇新聞を持った太った男が乗ってきた。新聞を熱心に読む男は、短く刈った髪にソリコミをいれ、暑くないはずなのに汗みずくだ。男は飲みかけの缶ビールを持ったまま蒲郡で降りていった。

　岡崎のあたりは一面の田んぼだ。四人分の席に横になったとたん、ふわっと眠った。目覚めると刈谷だ。旅行鞄や紙袋をたくさん持った母子がきた。十代後半らしい息子は色が白かったが、母親は浅黒くいかにも健康そうである。先に口を開いたのは息子のほうだ。

「なんか電車に乗ってる実感しないなあ。明日は病院に戻るみたい」

「明日の朝から、お父さんと電車に乗って名古屋にいくのよ。電車はすごく混んでるけど。九時の礼拝に間にあうわ」

「うん」

「元気になったら、アルバイトでもして、お友達つくればいい」

「ほら」と息子はズボンの裾をまくり、靴下の中からマイルドセブンをだした。「検査されるからさ」

「疲れた？」

「大丈夫」

「しゃべるだけで楽しいね」

新幹線がパンタグラフから火花を散らしてまたすれ違っていった。あの青白い火花が欲しいと小説に書いたのは、芥川龍之介だったか太宰治だったかと、ふと私は考えた。電車はビルの谷間にはいっていた。名古屋だ。駅前には予備校の看板がまるで戦争でもしているみたいにひしめきあっていた。母子のあとには三人娘が乗ってきた。一人がプレゼントらしいリボンのかかった包みを紙袋からだした。

「包み直してもらわにゃ」

「千五百円が、あたしのおかげで千二百円になったにゃ」

「あいちゃん、目が笑っとる」

「一人で考えないでくれるう」

彼女たちは上機嫌で、私はその場にいないのも同然だ。黒いタンクローリーが近づいてきて、後方に遠ざかった。

「乗車券をお持ちでない方、乗車変更の方、いらっしゃいませんか」

ワイシャツ姿の車掌が通っていった。尾張一宮を過ぎると、ネギ坊主が花を咲かせてならんでいた。水量の多い木曾川を渡った。一帯の田んぼは水びたしだ。十五時四十五分大垣着。

　十五時五十五分大垣発米原行き、車内は下校する高校生たちでいっぱいだった。席が空いていても、彼らは通路に立って大声で話した。発車のベルが鳴ってもホームにいて、ドアが閉まりそうになるとあわてて車内にはいった。私の前にも女高生が二人すわっていた。一人は手提げ鞄のポケットにヘアブラシをさし、薄化粧をしていた。紅を塗った唇を隠すためか口に手をやって話した。駅のトイレででも化粧したのだろうか。化粧したほうの子が話しかけた。

「学校楽しい?」

「まあまあ」

「ほな、これから毎日一緒に帰ろう」

　電車は栗林の中を走っていた。薄黄色の栗の花が咲いていた。相変らず雨は降りつづき、山の際に霧の煙が立っていた。「徳川家康最初の陣地」の看板が見えた。関ヶ原である。名神高速道路が山裾を走っていた。心持ち髪を染めた女高生たちの間の通路を、小さな子供がばたばたと足音をたてて駆けてきた。十六時二十六分米原着。四度目の乗り換えだ。

　十六時四十五分米原発西明石行き。これも高校生たちの電車だ。同じホームの上り電車にも高校生があふれている。プルルルとブザーが鳴り、階段から何人も駆け込んでくる。ガクン、ガクンと車両は動きだし、後方に遠ざかったホームでもプルルルと発車のブザーが鳴りだした。

「飴茶ある。口にいれような。京都にいった時な、鞄にいれとうた」

私の前にかけた中年婦人がぺちゃぺちゃと飴をなめはじめた。

「それがあかんの」

「あっ、変るわけいかんか。転勤するわけいかんの」

「校長先生がガンとしてきかへん。あたしがいうたって、仕方あらへん。そんでな、もうよいと思うた」

丘の上に彦根城が見えた。そんじゃ頑張ってな。二人はおじぎをしあい、一人は彦根で降りた。乗ってきた女学生が、男子学生の背中を傘でなぐる真似をした。プレハブの店舗や住宅がならぶ新興の街と田園とが交互につづいた。田んぼの中に枯葉がひろがっているように見えるのは、刈り取りを待つばかりの麦畑だ。パチンコ屋のネオンの色が鮮明になった。ビジネスホテルの屋上ビアガーデンの赤い提灯が雨に濡れそぼっていた。夕方のラッシュになり、一駅ごとに混雑してきた。

駅前に高層団地のある守山で、男三人が駆けてきて私のまわりの席を素早くとった。一人は「スピード違反や」煙草に火を点け、それぞれにポケット吸い殻入れをだした。一人は吸い殻入れを小銭入れにしているので、車内に備えつけの灰皿を使った。草津で満員になった。三人の男は急に顔を寄せて小声で話しだした。

「一割ぐらい変えられんのやろな」

「お前向こういけ」

「いやや。いってもやることあらへん」

「いいやつには皆でていかれるし」

「しょうもない年寄りいるからどうもならへん。誰かおっさんにいいてやりいや」

琵琶湖の暗い水が見えた。鉄橋を渡ると石山である。膳所のあたりでなだらかな比叡山の威容が眺められた。通路にあふれた人の膝が座席に割り込んでくる。電車が揺れるたび、人も右に左にと大きく揺れる。

「あたし、いうたった」

女の声が聞こえた。大津をでると、すぐトンネルにはいった。山科駅のホームで電話をかける中年男の傍に、「帰りまつ家族に一声公衆電話」の文字が見えた。山と山の間に家がびっしりと建て込んでいた。二階の窓から手を伸ばせば隣家の窓だ。もう一度トンネルにはいった。

新幹線に乗れば停車駅は二つ目、二時間五十分ほどで着く京都に、私は百四の駅をひとつずつ越え、五本の電車に乗り継ぎ、九時間四十一分かけてやっときた。風景も人も目の前をゆっくりうつろいゆき、眠りたい時には自然のなりゆきで眠って、退屈することもなかった。まさに旅をしている気分だった。いつもは新幹線に乗り、急ぎすぎて、小さな駅のひとつひとつの表情を忘れている。高架線上を走る新幹線の車窓からは街も田んぼも遠くまで見渡せるが、これは同時にささいな生活を上から見降ろしていることになる。刻一刻表情を変える生活列車の鈍行は、車窓の目の位置がほぼ等身大の高さにあるといえる。玄関をでればすでに旅ではあるが、各駅停車での道行きは、家の玄関から登りもせず下りもせずに、立った目の高さが狂うこともなく、そのまままっすぐつづいているのだ。

「御乗車ありがとうございました。間もなく京都、京都です。到着は五番線です」

トンネルをでるやアナウンスがあった。暮れなずむ鴨川の橋の上に車の列ができていた。ろうそく型の京都タワーがぐんぐん近づいてきた。私は網棚から鞄を降ろした。百五番目の駅にようやく電車は止まったのだった。十八時ちょうど京都着。

中央本線各駅停車に乗る楽しみ

井伏鱒二『荻窪風土記』のこと、松本清張『黒い樹海』のことなど

川本三郎

近年、暇があると中央本線に乗る。高尾から小淵沢《こぶちざわ》行きの各駅停車に乗ることが多い。ちなみに中央本線は、東京─塩尻間を中央東線、塩尻─名古屋間を中央西線という。中央本線というように本線なのだが、各駅停車に乗ると小さな駅が多く（なかには無人駅もある）、ローカル線に乗っているような楽しさがある。

鉄道の旅の楽しみのひとつは急行の停まらない小さな駅をゆっくり味わうことにある。中央本線には降りたくなるような魅力的な駅が多い。

まずは高尾から三つ目の上野原《うえのはら》。ここから列車は神奈川県から山梨県に入る。比較的大きな駅で、町に大学や大きな病院があるので乗降客は多い。それでも特急は停まらないので素朴な良さを残している。

駅は山の裾野というか崖下にある。明治三十四年（一九〇一）の開設。そのあと、甲

府駅が開設し、東京の飯田橋（当時は飯田町）とつながったのは明治三十六年。

甲府を愛した井伏鱒二の回想記『荻窪風土記』には、鉄道開通の折り、甲府発の初日の一番列車に乗った人の話として「（甲府を出た上り列車が）塩山《えんざん》の先あたりまで来ると沿道に土下座して汽車の通行を感激礼拝している婆さんを見た。次に、笹子《ささご》のトンネルに入ると、万歳を叫ぶ者があった」とある。

文明開化の興奮がうかがえる。

文中の「笹子のトンネル」は笹子と甲斐大和（旧・初鹿野《はじかの》。一九九三年に改称）のあいだの全長四千六百五十六メートルの長大なトンネル。当時は日本最長だった。

明治二十九年に着工して同三十五年に完成。国家的大プロジェクトで、トンネルの笹子側の坑口上には伊藤博文の字で「因地利」（地の利に因《ちな》む）、甲斐大和側には山県有朋の字で「代天工」（天に代わって工事）が刻まれている。当時は大変な工事だったことだろう。

このトンネルの開通によって甲州と東京が列車で結ばれた。東京の人間が甲州に出かけやすくなった。無論、逆も。

上野原駅は前述したように北側は崖下になっている。南側は桂川が流れ、川に沿って平地が広がっている。川の向こうには大室山《おおむろやま》などの山々が見える。列車は高台を走るから下り列車の左側からは小さなパノラマが見渡せる。中央本線の最初の見どころといえようか。

昭和に活躍した画家、牛島憲之に「山の駅」（一九三五年）という絵がある。山に囲まれた小さな駅に蒸気機関車がぽつんと一台、停まっている。駅に着いたばかりらしく機関車からはまだ黒々とした煙が出ていて風になびいている。牛島憲之の絵はリアリズムを基本にしながらもかなり抽象化されているので、どこか夢のなかの絵のように見える。童話の世界のようでもある。

二〇〇〇年の秋に府中市美術館で開かれた「牛島憲之展」でこの絵を見て、描かれた駅は中央本線の上野原であるという説明を読み、すぐにそこに行きたくなった。

府中から京王線に乗り、高尾に出て、そこから中央本線の各駅停車に乗ると、相模湖、藤野（ここまでは神奈川県）の次がもう上野原だった。特急の停まらない駅だからまだ「山の駅」のたたずまいを残していた。駅の北口にある食堂でビールを飲みながら駅の向こうに広がるパノラマを眺めた。小さないい旅になった。中央本線各駅停車の旅を楽しむようになったのはこの時から。

上野原の駅のまわりには町らしい町がない。北口（崖のほう）に食堂があるくらい。駅前に小さなバス停がある。食堂の人にどこに行くバスかと聞くと町だという。

上野原の町は崖（河岸段丘）の上に広がっていることを知った。急な坂を上がると旧甲州街道沿いに町が作られている。坂が急なためだろう、駅前には通勤、通学の人が乗るオートバイがずらりと並んでいるのが面白い。

駅と町が離れている。よくあるケース。

従来、こういう場合、明治の鉄道敷設の際に、鉄道が敷かれると宿場町がさびれてしまうと住民が反対したからと説明された。

中央線もはじめは甲州街道に沿って作られようとしたが、街道沿いの住民が「町がさびれる」「蒸気機関車の火の粉で火事になる」「煤煙《ばいえん》で沿線の桑が枯れる」と反対したために計画が立ち消え、現在の東中野から西へ一直線に走る線路が作られた、と。

町の人が鉄道を忌避したために鉄道の駅は町から離れたところに作られた。従来、そう説明されてきた。

実際、日本には町と駅が離れているところが多い。甲州で言えば身延《みのぶ》線の鰍沢口《かじかざわぐち》がそうで、駅のまわりには町がない。商店街がない。駅を降りると閑散としているので驚く。町は、笛吹《ふえふき》川を渡った先に広がっている。

これは町の人が反対したのだろうなと私もこれまで鉄道忌避伝説を信じていた。ところが二〇〇六年に画期的な本が出版された。

青木栄一『鉄道忌避伝説の謎』(吉川弘文館)。これまでの常識をくつがえした。鉄道が通ると町がさびれるからと住民が反対したという話は、証拠がなく一種の伝説なのだという。これには目からウロコが落ちた。鉄道敷設は何よりも地形が重視されたため町と駅が離れてしまうこともあったのが実情のようだ。鉄道忌避伝説は、鉄道敷設後、さびれていった町が言い訳として作り出したものかもしれない。

上野原駅のロケーションを見ると確かに崖の上の甲州街道沿いに鉄道を敷くより、桂川を見下す高台に作ったほうが合理的だったと思われる。旧甲州街道沿いの上野原の町は、かすかに宿場町の良さを残している。房総と同様、甲州のこのあたりをよく旅したつげ義春は、車が多いのが難としながらも上野原の良さを次のように語っている。

「駅前は高い崖になっているでしょ。あの崖をもっともっと登った高台に上野原の町があるんですよ。かなり賑《にぎ》やかな町なんだけど、チラホラと古い建物も残っているしね。本陣跡もあったんだっけかなあ。それよりも、その商店街が一時代前の感じがして素敵な雰囲気なんだよね」(高野慎三『つげ義春を旅する』ちくま文庫、二〇〇一年)

実際、そのとおりで上野原駅からバスに乗って急坂を登り十分ほど行くと、旧甲州街道に沿って宿場の面影を残す町が現われる。駅前が何もないだけに隠れ里のよう。思わず鉄道忌避伝説を信じたくなる。

上野原といえばまた、二〇〇七年の夏に府中市美術館に「児島善三郎展」を見に行った時、この昭和の素朴派が描く武蔵野の田園風景の絵を堪能したあと、美術館を出ようとすると、小部屋で地元の版画家の版画展が開かれていた。

立寄ってみると、東京の都市風景や近郊風景のなかに一枚、素晴しい山の版画があり、説明に上野原風景とあった。この時もやはり府中から高尾経由で上野原へ出かけたものだった。

旧甲州街道は上野原から鶴川《つるかわ》、野田尻《のたじり》、犬目《いぬめ》、鳥沢《とりさわ》、猿橋《さるはし》、大月《おおつき》と宿場町が続くが、いずれも中央本線の駅からは離れているので歩いて行くにはひと苦労する。

上野原を出た列車は桂川に沿って走る。左手に川が見え隠れする。ちなみに中央本線の列車に乗ったら絶対に左側に座る。上野原の小パノラマをはじめ、後述する、ぶどう畑が広がる勝沼の大パノラマを堪能出来る。

上野原の次は四方津《しおつ》。小さな駅で無論、特急は停まらない。駅前にはぽつんと一軒、小さな食料品店があるくらい。寂しい。そこに奇妙なものが見える。山の上に「コモアしおつ」というニュータウンがあり、そこと駅を結ぶ斜行エレベーターのドーム。山里に突然、近未来のような風景が現われるので驚く。

つげ義春に「猫町紀行」という小さな旅のエッセイがある（『貧困旅行記』所収、晶文社、一九九一年）。

「鄙《ひな》びてあまり人に知られていないところ」を旅するのが好きなつげ義春が、ある時、友人の車で甲州のこのあたりを旅する。旧甲州街道にある犬目宿に、その名前に惹《ひ》かれて行こうとする。しかし、途中で道に迷ってしまう。そのおかげで隠れ里のような小さな宿場町に迷い込む。

「ちょうど陽の落ちる間際であった。あたりは薄紫色に包まれ、街灯がぼーっと白くともっていた。いくらか湿り気をおびた路《みち》は清潔に掃除され、日中の陽射しのぬくもりが残っているように感じられた。夕餉《ゆうげ》前のひとときといった風ののどかさで、子どもや老人が路に出て遊んでいた。浴衣姿で縄とびをする女の子、大人用の自転車で自慢そうに円をかいてみせる腕白小僧、石けりをする子のズボンには大きなつぎが当っている。私は近ごろ、あの母の温かさが縫いこまれたつぎの当った衣服を着けている子どもを見たことがない。縁台でくつろぐ老人。それは下町の路地裏のような賑やかさであった」路に迷ってしまったおかげで、まるで夢の里のような静穏なところに迷いこんだ。萩原朔太郎の「猫町」を思わせたので、つげ義春はこの甲州の小さな宿場町を「猫町」と名付けた。

前出の高野慎三『つげ義春を旅する』によればこの「猫町」は、旧甲州街道の野田尻宿ではないかという。それを読んで二〇〇六年の夏に行ってみた。

上野原の次の四方津駅から歩いた。車だとすぐなのだろうが、歩くと一時間以上かかった。中央自動車道の談合坂サービスエリアの近く。車が行きかう高速道路のすぐそばに、宿場町の面影をかすかに残す小さな町並みが現われた時は、正直、感動した。東京に近いにもかかわらず、甲州にはこんなところが残っている。だから暇があると中央本線に乗りたくなる。

四方津の次の駅は梁川《やながわ》。ここは無人駅。一度ここで降りて次の鳥沢（ここは有人駅）まで歩いたが、道が車の多い甲州街道しかなく、さすがに怖く、三十分ほど歩いて鳥沢宿に入った時はほっとした。町はやはりここも駅前は商店が少なく寂しかったが、昔の宿場町の面影を残していてもうひとつの「猫町」ではないかと思った。

鳥沢を過ぎた列車は、中央東線最初の見せ場に差しかかる。鳥沢と次の猿橋《さるはし》のあいだ、桂川に架かる新桂川橋梁《きょうりょう》。高さは山陰の餘部《あまるべ》の鉄橋くらいある。上部トラスがなく吹きさらしなので距離は三百メートルくらいだが、車窓から眺めていてかなり怖い。鉄橋の真下は水田が広がり、田植えが終った五月から六月にかけては眼下の緑の風景が素晴しく美しい。

東京近郊の水田風景としては茨城県の水郡《すいぐん》線、房総の小湊鉄道に匹敵する。ただし、繰返せば時間にして二、三分だが、高いのでかなり怖い。風の強い時など、高所恐怖症の人間はびくびくする。

鉄橋を渡った列車は猿橋駅へ。開設は、中央東線開通の明治三十五年（一九〇二）と早い。日本三大奇橋のひとつ、桂川に架かる猿橋がある観光地だったためだろう。ただ現在はここも特急は停まらず、駅前は御多分に洩《も》れずさびれている。そのさびれ具合がいいのだと言ったら地元の人には怒られるだろう。

鉄道の旅が好きな人間にとって、いまいちばん悲しいのは、地方の駅前がすっかりさびれてしまっていること。「シャッター通り商店街」などまだいい方で、先だって山陰を旅したが、特急の停まらない駅に降りると、「シャッター通り商店街」どころか、住む人間がいなくなった家が続く「廃墟街《はいきょがい》」でわびしくなってしまう。

鉄道ブームとは言うが、現実は鉄道離れがいよいよ進んでいる。山陰のその小さな町ではホテルは無論、駅の近くにはない。車が走る国道沿いにある。

そのホテルに泊って驚いたことがある。フロントで時刻表を見せてくれといったら、なんとホテルなのに時刻表を置いていない！　車で旅する人間のためのホテルだった。愕然《がくぜん》とした。

ローカル線の旅の楽しみのひとつは、駅前食堂に入ることだが、いまやこの駅前食堂も消えつつある。「鉄道の旅の楽しみのひとつは急行の停まらない小さな駅をゆっくり味わうことにある」と前述したが、いまやその駅に駅前食堂が消えつつある。

猿橋の次は大月《おおつき》。さすがにここは、富士五湖に行く富士急行の分岐駅だけあって、特急が停まる。駅には立ち喰いそば屋があるし、駅弁も売っている。駅前も、ややさびれ

ている とはいえ、食堂がいくつかある。

松本清張の『波の塔』（光文社、一九六〇年）は、若手の検事と、彼が担当する事件の関係者である美しい人妻との不倫の物語だが、ある時、二人は人目を忍んで、甲州の身延線の沿線にある「S温泉」に出かける。「S温泉」とは、井伏鱒二が愛した下部温泉と思われる。

検事と人妻は、新宿駅から中央本線に乗る。

「汽車はトンネルをいくつも抜け、出たときはかならず川を、進行方向の左側の低いところに見せていた」

トンネルには「笹子のトンネル」も含まれるだろう。「川」は、言うまでもなく中央本線に沿って流れる桂川。「進行方向の左側」とは二人が下りの列車の左側、つまり、前述したように、中央本線の景勝の地が見られる席に座っていることをあらわしている。旅好きの松本清張はこのあたり、芸が細かい。

二人を乗せた列車は大月に着く。

「大月駅では、登山姿の青年や、白衣を着て杖《つえ》を持った行者姿の人たちが、多く降りた。外人もまじっていた。ホームの向かい側に短い列車が着いていて、その人たちはそれに争って乗っていた」

この「ホームの向かい側に短い列車が着いていていて」とあるのは、大月と河口湖を結ぶ富士急行。昭和四年（一九二九）に、いまふうに言えばリゾート地として開発された富士五湖周辺と大月、さらには東京を結ぶ私鉄として開設された。

「外人もまじっていた」とあるのは、富士五湖周辺の別荘地に行く西洋人のことだろう。

大月を出ると次は初狩《はつかり》。中央本線の駅のなかでは比較的大きい。といってもこの駅も、降りて食事するところを探すのにひと苦労する。そこがローカル駅のいい風情でもあるのだが。

初狩は山本周五郎の故郷。駅を出て北へ少し歩いたところに生誕の碑が作られている。中央東線は急勾配のところが多く、以前は、スイッチバックの駅が八つもあり鉄道好きを喜ばせた。下り列車の順でいうと初狩、笹子、勝沼（一九九三年に勝沼ぶどう郷と改称。勝沼でよかったと思うが）、韮崎《にらさき》、新府《しんぷ》、穴山、長坂、東塩尻（一九八三年に廃止）の八つ。その後、電車運転が強化され、一九六八年までにすべて廃止された。

ただ初狩駅では貨物列車だけがスイッチバックする。その点で貴重な駅になっている。また勝沼ぶどう郷にはスイッチバック時代の旧駅が残されている。

笹子から笹子トンネルを抜けると甲斐大和《かいやまと》。この駅を出るとすぐまた大日影《おおひかげ》トンネル（上りは新大日影トンネル）になる。甲斐大和は二つの大きなトンネルのあいだの駅になっている。

大日影トンネルを抜けると勝沼ぶどう郷。ここから次の塩山までの車窓風景（左手）は素晴しい。列車は高いところをカーブしながら走るので甲府盆地（扇状地）が一望の下に眺められる。ここも日本三大車窓のひとつに加えたいほど。

鉄道好きの今尾恵介さんはその著『線路を楽しむ鉄道学』（講談社現代新書、二〇〇九年）のなかで書いている。

「勝沼付近は名だたる葡萄《ぶどう》の産地なので、なだらかなスロープにワインヤードが広がる、ちょっと日本離れした風景だ。そのあたりを鑑賞するのに最適なのが中央本線。勝沼ぶどう郷の手前から塩山にかけての車窓である」

「鉄道には勾配に制限があるため、この扇状地をそのまま駆け降りるわけにいかず迂回《うかい》しているのがかえって好都合で、アングルを変えて富士山の手前に聳《そび》える御坂《みさか》山地や南アルプスまでの山々が盆地の向こうに展開するのが見どころだ」

「私などは下り列車なら可能な限り左側に陣取り、笹子トンネルの先の甲斐大和駅を過ぎるあたりから必ず待ち構えてしまう」

同じような人がいるなとうれしくなる。上野原の眺めが小パノラマとすればここは一大パノラマ。新緑の季節もいいが春先は、ぶどう畑のあいだに桜と桃が咲き乱れ、素晴しい。甲州はぶどうだけではなく桃の産地でもある。列車はやがて塩山に着く。

「今西栄太郎は中央線に乗った。行先は塩山である」

松本清張の『砂の器』（一九六一年）。殺人事件を追う刑事の今西栄太郎はある大学教授が週刊誌に書いた、列車の窓から紙らしきものを飛ばした若い女性についての随筆「紙吹雪の女」が気になり、その大学教授と、題材を提供した新聞記者を訪ね、女性が紙吹雪を飛ばした場所はどこかと聞く。

記者は言う。「その女は甲府から乗りこんで塩山あたりから、その白い紙片を窓からまきはじめたんです」

そこで刑事は「紙吹雪」はなんだったのかを調べるために甲州に行く。線路沿いを歩いて「紙吹雪」を探す。夏の炎天下、大変な仕事である。しかも見つかる当てもない。その女性が紙吹雪をまいてから三ヶ月以上たっている。紙片がそのまま残っているかどうかも分らない。それでも刑事は甲州に出かける。

「朝早く新宿駅を発《た》った。今日は一日中、この中央線の往復につぶすつもりだった。往《ゆ》きは準急だったが、帰りは各駅停車の鈍行に乗ることにした。それも、何本もの汽車に乗り換えなければならない」

刑事が新聞記者から聞いたところでは件《くだん》の女性は次の区間で紙片をまいたという。

「塩山―勝沼

初鹿野―笹子

初狩―大月

猿橋―鳥沢

上野原―相模湖間」(前述したように勝沼は、一九九三年に勝沼ぶどう郷に、初鹿野はやはり同年に甲斐大和に改称)

真夏にこの区間を歩いて紙片を探す。しかも徒労になる可能性もある。大変な仕事であるが、ともかく刑事は塩山から勝沼に向かって線路に沿って歩きはじめる。素晴しい風景に目をやる余裕はない。

塩山から勝沼、さらに初鹿野。「線路は山道にかかった。向こうのほうにトンネルの入口が見える。笹子トンネルだった」。

トンネルの入口付近で刑事は目ざすものをついに見つけだす。木綿らしいシャツの布《ぬの》片《ぎれ》だった。

中央本線の下り列車がこのあたりを走るたびに『砂の器』の刑事の〝旅〟を思い出す。映画「砂の器」では、美しい女性(島田陽子)が中央本線の列車に乗り、塩山付近で紙吹雪をまく。

松本清張は甲州好きで、よく作品のなかで甲州を登場させている。『ゼロの焦点』では主人公の女性が新婚旅行で甲府の北、日本屈指の渓谷として知られる昇仙峡《しようせんきよう》に出かけている。短篇の名作「地方紙を買う女」の女性が自分につきまとう男を殺す「臨雲峡」

は昇仙峡のことだろう。

『事故』では二つの殺人が甲州で起きる。トラックの若い運転手の遺体が発見されるのは山梨県北巨摩《きたこま》郡のある村の断崖の下。

「この断崖は、高さ約二〇メートルくらいある。地理的にいえば、中央線の鉄道が甲府から北に行くと、韮崎という駅に着く。ここから線路は小淵沢まで次第に急な勾配を上って台地を走るが、西側は釜無《かまなし》川に沿って断崖が構成されている」

このあたりの車窓風景をよくとらえている。韮崎から小淵沢まで急勾配を上がってゆくというのもその通りで、前述したようにそのために以前は、韮崎、新府、穴山、長坂、東塩尻と五つもスイッチバックの駅があった。

『事故』のもうひとつの殺人、興信所で働く女性の遺体が発見されるのは、甲府の北にある千代田湖の湖畔から離れたところ。

「千代田湖は、甲府市の北四キロの和田峠の下に南北一キロにひろがった人造湖で、戦時中、灌漑《かんがい》用水のため造られた丸山貯水池の戦後の名称である。周りは松林に囲まれた美しい海抜六〇〇メートルの湖で、春はヘラ鮒《ぶな》釣り、ボート遊び、冬は結氷してスケートと、甲府市民に愛されている」

松本清張はいつもその土地を詳述する。だから清張の推理小説は同時に旅の文学にもなっている。しかもその旅の大半は鉄道の旅である。

『事故』では、「山梨県はかなりよく知っている」という犯人が犯行の場所を考える時に中央本線を思い浮かべる。

「甲府は四方を山に囲まれた盆地である。東京から行くと、八王子を越したあたりから山岳地帯となり、笹子峠をすぎて盆地に下りる。これを西に行くと、韮崎から再び山岳地帯にかかり、そのまま諏訪までは高原地帯である（略）韮崎を過ぎると、中央線は塩川、釜無川の二つの谿谷《けいこく》に挟まれた台地を走る。釜無川のほうは断崖絶壁となって、台状になっている」

中央本線の特色をよくとらえている。実際韮崎を過ぎてから列車は塩川と釜無川のあいだを走るから車窓の風景は左右ともにいい。ちなみに松本清張は手元の文春文庫の『事故』で「釜無川のほうは断崖絶壁となって、台状になっている」と書いているが、これは「釜無川」ではなく下り列車の右手に見える「塩川」の間違いだろう。

中央東線は長篇『不安な演奏』にも登場する。殺人事件を追う宮脇平助という素人探偵役の雑誌編集者が事件と関わりがあると思われる村に行く時に小淵沢まで中央東線に乗る。

「新宿発長野行の汽車に乗った」「甲府を出て汽車は韮崎の駅から急に勾配を上りはじめた」「三十分後には、宮脇平助は小淵沢駅の高原のホームに降りていた」

ここでも韮崎から列車が急勾配を上ることが指摘されている。

小淵沢からはバスで目的の村に行く。帰りはやはりバスで韮崎に出る。ここで駅前食堂に入るのがいい。

「韮崎の町に着いたときには陽も昏《く》れて、夕靄《ゆうもや》の立ち罩《こ》めたなかに駅の灯が輝いていた」「待合室に入って、時刻表を見上げると、あと二十分ばかりで新宿行上り準急が来ることになっている」「彼はその間に、駅前の食堂に入って夕飯をとった」。そしてこうある。「旅とは言えないにしても、独りでこういう場所で忙しい夕飯をとっていると、そぞろ旅愁めいたものを感じる」。

『砂の器』で東京から夜行に乗り、朝、秋田県の羽後亀田駅に着いた二人の刑事が駅前の食堂で食事をするくだりを思い出す。

小さな駅に降り立って駅前食堂に入る。あるいは列車を待つあいだ駅前食堂に入る。こういう時、まさに「そぞろ旅愁めいたものを感じる」。

小淵沢駅は言うまでもなく小海《こうみ》線の分岐駅。明治三十七年（一九〇四）の開設。中央東線の駅の開設時を見ると、八王子が明治二十二年、上野原が前述のように明治三十四年、大月が明治三十五年、塩山と甲府、韮崎が明治三十六年、そして小淵沢が明治三十七年。

中央東線は八王子から西へ徐々に開通していっていることが分る。一方、中央西線は名古屋から徐々に東上して行き、二つの路線は明治四十四年（一九一一）に塩尻駅で合流する。

この中央本線が〝活躍〟したのは大正十二年の関東大震災の時。東海道本線が地震で大きな被害を受けたため、東京と名古屋、関西方面をつなぐのに被害が少なかった中央本線が利用された。

この震災の時の思い出を、井伏鱒二は『荻窪風土記』で書いている。

地震が起きた時、二十五歳の井伏鱒二は早稲田に下宿していた。なんとか助かったが町は壊滅している。仕方なく井伏鱒二は故郷の広島県福山へ帰ることにする。東海道本線は大打撃を受けて不通だが、中央本線は立川までは汽車が来ると言う。

そこで大久保駅から線路沿いに立川に向かって歩く。荻窪でこんな情報を得る。「中央線の鉄道は、立川・八王子間の鉄橋が破損していたが、徐行できる程度に修理が完了したという。その先の、小仏峠《こぼとけ》のトンネルも点検が完了した。鳥沢・塩山間は、笹子トンネルを含め、不通になっている箇所が修理されて徐行できるようになっている」。

「てくてく歩け」と自らを鼓舞して歩き続け、なんとか立川駅にたどり着く。「立川駅には避難民が乗るのを待っている汽車があった。駅員が乗客に向って、震災で避難する人は乗車券が不要だと言った」。

避難列車第一号である。夕方に甲府に着いた時、井伏鱒二は感動的な光景を目にする。

町の婦人会の女性や女学生たちがホームで避難民を温かく迎え、弾豆《はじけまめ》の入っている三角袋を乗客に差入れる。袋のなかには、焼いた空豆《そらまめ》や油で揚げた弾豆（甲府地方で言う雪割豆）が入っている。こうして無事に名古屋に出て、福山まで帰ることが出来る。

井伏鱒二がのちに甲州を気に入り、しばしば旅するのは、この時の甲府の印象がよかったためかもしれない。

代表作のひとつ『駅前旅館』（一九五七年）では上野の旅館の番頭たちが慰安旅行で、中央本線に乗って甲府の湯村温泉に出かけている。

戦前の作品、「おこまさん」「四つの湯槽《ゆぶね》」（『おこまさん』所収、輝文館、一九四一年）も甲州が舞台。「四つの湯槽」の温泉はそれと明示されていないが、井伏鱒二が愛した身延線の沿線にある下部温泉だろう。ここの、いつ出来たのか分らないほど古いという旅館「古湯坊《こゆぼう》源泉館」が常宿でここを足場に釣りに出かけたという。以前、この旅館を取材した時、主人がそう語ってくれた。

ちなみに「おこまさん」も「四つの湯槽」も戦前に映画化されている。「おこまさん」は高峰秀子主演、成瀬巳喜男監督の「秀子の車掌さん」（一九四一年）。「四つの湯槽」は田中絹代主演、清水宏監督の「簪《かんざし》」（同）。

「簪」は下部温泉ではなく那須の塩原温泉でロケされているが、「秀子の車掌さん」は甲府の近くでロケされている。バスの車掌（高峰秀子）とひなびた温泉宿に逗留《とうりゅう》している井伏鱒二自身を思わせる作家（夏川大二郎）の微笑ましい交流を描いた作品。ビデオになっている。

作家が東京に帰る。これを見て驚く場面がある。

車掌と運転手（藤原釜足。当時は鶏太）が作家の乗る列車を踏切のあたりで見送る。この列車が蒸気機関車ではなくなんと電気機関車。当時、中央本線は甲府まで電化されていたのである。

宮脇俊三『増補版　時刻表昭和史』（角川書店、一九九七年）にこうある。

「当時、国鉄の電化区間はごくわずかだった。『省線』と呼ばれていた現在の国電の走る区間、電車ではあるが列車並みの車両編成で格調の高かった横須賀線、東海道本線の沼津まで、中央本線の甲府まで、信越本線の横川―軽井沢間、そしてこの上越線の水上―石打《いしうち》間だけであった」

宮脇俊三によれば、電化区間が少なかったのは軍部が、発電所を爆撃されたらひとたまりもないと反対したからだという。

松本清張は井伏鱒二が愛した下部温泉のある身延線も作品のなかに登場させている。

身延線は大正二年（一九一三）に私鉄の富士身延鉄道として発足。戦時中の昭和十六年に国有化されている。

山梨県の甲府と静岡県の富士を結んでいる。松本清張の長篇『黒い樹海』（一九六〇年）には、大月から出ている富士急行だけではなく、身延線が詳しく描かれている。

失踪した姉の行方を追う妹の祥子は、ある時、関係者を訪ねるため甲府から身延線に乗る。

「（中央本線から乗り換えると）車輛《しやりよう》が急に小さく、貧しく見えた。

その汽車も間もなく、盆地を南に突切って進行した。広い平野が次第に狭まると、山峡の入口の駅についた。鰍沢という駅名が祥子に詩のような旅愁を感じさせた」

身延線の雰囲気をよく描き出している。列車は富士川に沿って走る。やがて目的の波《は》高島《だかじま》駅に着く。駅のすぐそばを富士川が流れている。いい鉄道とローカルないい駅を選んでいる。

松本清張は『波の塔』でも、前述のように少壮の検事と人の妻をお忍びで身延線の「S温泉」（下部温泉）に行かせる。

短篇の「すずらん」でも小淵沢駅の売店が重要な役割を果している。これほど甲州を作品に登場させるとは、松本清張も井伏鱒二と同じように甲州にいい思い出があったのだろうか。

「各駅停車」への招待　編者解説エッセイ

芦原伸

鉄道の旅はやはりのんびりとゆきたい。

地方都市までは新幹線で、そこから先のローカル線は各駅停車で、というのがぼくの旅の流儀である。

各駅停車はその名の通り、一つひとつの駅に丹念に停まり、長い時間をかけて終着駅をめざすという列車である。駅ごとに止まって呼吸を整えたり、景色のよいところではスローになったり、またあるところでは頑張って加速したりと、なんだか人生にも似ている。

各駅停車という呼び名は正式ではなく、鉄道用語では普通列車と表す。特別料金や指定料の要らない列車のことで、快速や特快もこれに含まれる。

ぼくたちの世代は、そんな各駅停車を〝鈍行列車〟と呼び慣わしていた。なかでも長距離を走る鈍行列車が魅力的だった。

かつて東北・奥羽本線、上野〜青森間には下り421列車、上り422列車という鈍行列車があった。所要二二〜二三時間、丸一日かけてみちのくを走る列車で、完乗するのは気が遠くなりそうだが、残念ながら昭和四七（一九七二）年のダイヤ改正で福島〜

秋田間に短縮されてしまった。

一方、〝西の横綱〟ともいうべき824列車は、昭和五九（一九八四）年まで山陰本線経由で門司～福知山間で運行されていた。こちらの走行距離は五九五・一キロで、およそ一八時間半の旅だった。

この列車に挑戦したことがあった。古い電気機関車の引く客車で、擦り切れたモケットの固い木製のイスに座り込んで、日本海を見ながらゆっくりゆっくり進むのだった。途中駅から行商のおばさんたちが乗ってきて、車内で行商同士の物々交換風景などが見られ、また農家の主婦が乗ってきて収穫の時期を話し合ったり、途中駅では三〇分くらいの待機停車があり、ホームに出て、体操したりしたものだ。

まさに風土の中をゆく列車だった。ワインにはその土地固有の風味を表現するテロワールという言葉があるが、まさにこの山陰の鈍行列車はそれに価すべきものだった。昭和の時代にはそうした〝テロワール・トレイン〟が各地を走っていたが、国鉄分割民営化によってJRが旅客六社に分割され、以後ダイヤの地域密着化が進められたこともあり、長距離鈍行がどんどん姿を消していったのはさびしい限りだ。

いま、日本一長い距離を走る普通列車は、根室本線の滝川～釧路間三〇八・四キロを走る2429D（Dはディーゼルカーの意味）だが、こちらも空知川に沿って、芦別岳を眺めたり、富良野の伸びやかな緑の丘陵を見られたりして楽しい。（現在は一部区間

が不通、代行バスとなっているが）

『鉄道ジャーナル』誌などに多くの鉄道ルポや評論を発表し、『きまぐれ列車』シリーズなどで知られる種村直樹（一九三六―二〇一四）が、当時約二万キロあった国鉄全線完乗を果たしたのも、そんなローカル線のひとつ、三陸沿岸の盛線（現・三陸鉄道南リアス線）盛駅でのことだった。

種村は京大から毎日新聞に入社し、東京本社社会部の国鉄担当の記者だった。幼いころからの鉄道好きで、鉄道関連の記事を書き続けたいと退社した。「レイルウェイ・ライター」という肩書の名刺を作り、鉄道ジャーナリストとして独立したが、当時の交通業界ではちょっとした〝事件〟だった。そもそもこの業界にフリーランスは存在しなかったし、とても原稿料だけでは生活は保障される時代ではなかったからである。

種村の功績は作家と読者の〝垣根〟を取り払ったことだ。原稿の末尾に「分からないところはお尋ね下さい」と質問を歓迎するメッセージを書き、読者一人ひとりに返事を書いた。喫茶店や車中でも寸暇を惜しんで読者への返答を書く姿は従来の作家では考えられない。やがて読者との間に〝友の会〟が生まれ、彼を慕う弟子たちが集まった。作家と読者の不思議な〝学校〟がスタートし、その旅行体験がそのまま著作化されるという前代未聞のジャンルを生み出した。

　国鉄全線完乗は鉄ちゃんたちの夢だが、昭和五四（一九七九）年八月、種村は盛駅でそれをやりとげた。

　最後の未乗区間となった盛線吉浜～盛間を、各駅停車の526Dに乗った。このときの様子を、書いたのが「三陸で念願の国鉄全線完乗」である。

　当時三陸地方は縦貫線がなく、長らく〝陸の孤島〟だった。国鉄久慈線の普代～田老間（現・三陸鉄道北リアス線の一部）と、盛線の釜石～吉浜間（同南リアス線の一部）は未完成で、いわゆる〝三陸縦貫鉄道〟はなかったのである。三陸縦貫鉄道を走らせたいという種村の、そして沿線住民の願いがかなったのは、その五年後のことだった。

　第三セクター初の三陸鉄道として、新開業区間を含む盛～釜石間が南リアス線、宮古～久慈間が北リアス線の名で開業。これにより、仙台から小牛田《こごた》・前谷地《まえやち》・気仙沼・釜石・久慈・宮古を経て、八戸までの〝三陸縦貫鉄道〟が全通した。

　ところが二〇一一（平成二三）年三月一一日、東日本大震災による大津波によって、鉄道は甚大な被害を受けた。海辺の駅が破壊され、線路が流失したことはまだ記憶に新しい。結局、三陸鉄道は復旧したが、長らく不通のままだったJR山田線（宮古～釜石）は三陸鉄道への移管が決まり、鉄道として再生がなされることになった。

　ただし、気仙沼線（柳津～気仙沼）、大船渡線（気仙沼～盛）は鉄道としての復旧をあきらめ、バス高速輸送システム（BRT）による運行となっている。

鈍行列車による〝三陸縦貫鉄道〟の旅の機会は失われ、種村が国鉄全線完乗を果たした盛駅はいまは、JRの鉄道路線と接続しない、三陸鉄道南リアス線単独の終着駅となっている。


東海道線は今や「のぞみ」「ひかり」「こだま」のひしめく新幹線街道となっているが、ここを敢えて各駅停車で乗り継いで、京都まで行った男がいる。旅好きで知られた作家、**立松和平（一九四七—二〇一〇）**である。

宇都宮出身の立松は、早大卒業後、就職せずアルバイトのかたわら文筆活動に専念したものの、長らく報われることはなかった。帰郷後、宇都宮市役所などに勤めたのち、若い農業従事者をモチーフにした小説『遠雷』で、野間文芸新人賞を受賞、ようやく小説家としての道を歩みはじめる。

立松が人気を得たのは、テレビ朝日の情報番組「ニュースステーション」で、「こころと感動の旅」コーナーの担当をしたことだろう。旅先からの中継で、キャスターの久米宏と交わされたトークは、立松の栃木弁による朴訥《ぼくとつ》な温かい人柄がこもり、視聴者の人気を呼んだ。

「東海道本線各駅停車の旅」では、東京発の鈍行列車熱海行きで旅立ち、その後、熱海、浜松、大垣、米原と計五本の乗り継ぎを繰り返しながら、一八時ちょうどの京都にたどり着くまでの九時間四一分の各駅停車の旅を体験した。

ぼくもやはり東海道・山陽本線を東京から小郡まで七つの電車を乗り継いで行ったことがある。昭和四九（一九七四）年のことで、まずは東京から長距離鈍行の「347M」（Mは電車の意味）で大垣まで。当時はグリーン車が三〇〇円だったので、夜に東京を出て、一晩眠って朝に名古屋に着くというので人気が高かった。通勤客にとっては最終列車になるので酔客が多くて閉口したが、熱海を過ぎるとガランとして四座席を独占して、安らかに眠った。途中、深夜の静岡でホームへ出て体操したり、名古屋駅では二四時間営業のきしめんやへ駆け込んだ記憶がある。その後大垣からは西明石行き、草津からは新快速に乗り換え、朝の通勤ラッシュのなかで駅弁を食べるという〝離れ技〟をやってのけた。普通列車をできるだけ多く乗り継ぎ、しかも始発列車で、という〝縛り〟を設けていたので、七本乗り継いだ時にはクタクタで、最終ランナーの小郡行きに乗る前には徳山駅の赤提灯で沈没した。走行距離一〇二七キロ、所要時間二四時間、運賃はわずか三二一〇円！　旅というより我慢大会のような一日だった。

川本三郎（一九四四―）は立松とほぼ同世代にあたる評論家で、東大から朝日新聞社に入社。週刊誌の記者を経て、七二年に退社、フリーとなった。

川本も旅、とくに鉄道旅が好きで、多くのエッセイを著している。立松の東海道本線に対して、こちらは中央本線各駅停車を選んだ。川本は鉄道旅の楽しみを、「急行の停まらない小さな駅をゆっくり味わうこと」と表現する。

まず降りたのが、高尾から三駅目の上野原である。駅と町の中心街とが離れていることに気づき、〝鉄道忌避伝説〟の真偽を考える。かつては鉄道が都会の悪い風俗をもたらすとか、汽笛で鶏が卵を産まなくなるとの理由で駅が嫌われたりしたのだ。

さらに井伏鱒二や松本清張、つげ義春といった、各世代の作家が綴った周辺の様子を紹介する。このあたりは映画から小説、漫画に至る造詣が深い川本の面目躍如といったところだ。

松本清張には、中央本線と甲府で接続する身延線を含め、甲州（山梨県）を舞台にした作品が多い。『ゼロの焦点』「地方紙を買う女」には昇仙峡、『事故』には甲府近くの千代田湖と韮崎周辺、『不安な演奏』には小淵沢駅が、『波の塔』には下部温泉がそれぞれ登場している。

「松本清張はいつもその土地を詳述する。だから清張の推理小説は同時に旅の文学にもなっている。しかもその旅の大半は鉄道の旅である。」と川本は読み解いている。

井伏鱒二もまた中央本線に縁の深い作家だ。

『荻窪風土記』で井伏は、関東大震災により東京の下宿を焼け出され、中央本線経由で広島・福山への帰郷を図った。その時、甲府駅のホームで、地元の婦人会や女学生による焼いたり揚げたりした豆の差し入れなど、温かな対応に心を打たれた。

たしかに井伏は代表作の『駅前旅館』で、上野駅近くにある旅館の番頭（主人公）が慰安旅行の折、鈍行列車に乗って訪れた先を、甲府の湯村温泉としている。

映画を見て、文庫本を片手に自分の世界に浸りつつ、舞台をめぐる。

長距離鈍行のなくなった今、各駅停車の旅には、それがいちばんふさわしい楽しみ方なのかも知れない。

蒸気機関車

雪の行路

竹島紀元

急行〈ニセコ〉C62重連　小樽↔長万部

今は函館と札幌を結ぶ〝裏街道〟になってしまったが、函館本線の長万部《おしやまんべ》から小樽《おたる》までは20パーミルの急坂が行く手をさえぎる山越えの道。かつてはＤ51の天下だった。急行列車にもＤ51が使われたが、編成の長い〈大雪〉や〈まりも〉は機関車を2台付けなければ引っ張ることができなかった。急カーブの多い山道に、動輪の小さなＤ型機関車を高速で走らせるには苦労も多く、絶え間ない投炭と激しい動揺で乗務員は疲れ、たくましい機関車の〝足〟は過熱で傷んだ。１９５６年（昭和31）、東海道本線の電化が完成し、特急牽引《けんいん》の務めを終えた7両のＣ62が津軽海峡を渡って峠道の新しいシェルパとなった。――それから十余年、函館から札幌へのメインルートは室蘭・千歳線まわりに変わり、残された急行列車は気動車化されて、峠路に響くＣ62の豪快なドラフトは、めっきり少なくなった。今、長万部〜小樽間の山岳線を走るＣ62はわずか1往復、その雄姿が永遠に消える日も遠くない。残り少ない生命をドラフトに秘め、最後のC62重連は雪を蹴って〝最果て〟の道を今日もゆく……。

ニセコ1号　小樽→長万部

田中機関士・武藤機関助士・小泉指導機関士（長万部機関区）

珍しく雪の少ない冬というが、山と海に囲まれた小樽の町は、一面の深い雪だった。C62の基地、小樽築港《おたるちっこう》機関区の線路も、膝まで積もった冷たい雪の下に眠っていた。

9時過ぎ、扇形庫《ラウンドハウス》を出た2両のC62――C622とC62 32は、ガッチリと結びあった黒光りの巨体を出区線に現わした。テンダー（炭水車）の下面や台車のバネのあたりに大きな雪塊がこびりついているのは、昨日の苦闘の名残なのだろうか。

重連のテンダーを2本の給水柱に横付けして同時給水。山のように積まれた石炭の下の巨大な水槽が、むさぼるように水を飲む。運転室の後ろではストーカー（注1）が轟々《ごうごう》と音をたてて、火床に石炭を送り込んでいる。凍結防止のためストーカーや各配管のコック、車輪のブレーキ・シューに吹き付ける蒸気が、C62の全身を包み、最後の点検に余念のない機関士のハンマーが、もうもうと立ち込める白煙の中で硬い金属音をたてる。重々しいブロワーの音が雪原に広がり、4つの安全弁から吹き上げる蒸気が逆光に映えて、力強くも美しいC62重連の門出《かどで》である。

　Ｃ62が住み慣れた東海道をあとに、海を渡って遠く北海道に新しい轍《わだち》を踏み出してから、いつか十余年の歳月が流れた。スピードを身上とする特急機関車が雪深い地方幹線の勾配と急カーブに挑み、険しい峠越えの補機として喘《あえ》ぐことを、だれが予想したであろうか。

　函館本線の長万部から小樽までは5つの峠を越える山岳線である。南から二股《ふたまた》―蕨岱《わらびたい》―黒松内《くろまつない》、熱郛《ねっぷ》―上目名《かみめな》―目名、蘭越《らんこし》―倶知安《くっちゃん》―小沢《こざわ》、小沢―銀山《ぎんざん》―然別《しかりべつ》、蘭島《らんしま》―塩谷《しおや》―小樽と、15～20パーミル急勾配の峠越えが続く。登っては下り、下っては登る、機関車にも乗務員にも苦しい〝アップダウン・コース〟である。Ｄ51重連に代わってこのコースの急行列車牽引にあたったＣ62重連は、かけられた期待を裏切らなかった。花々しく特急の先頭に立つ日はついに無かったけれども、特急機関車の面目にかけて、Ｄ51に勝る力とスピードをこの急峻な山岳線で発揮したのであった。

＊

　10時39分――小樽駅ホームに函館行き急行・上り〈ニセコ1号〉が到着すると、解放された札幌からの牽引機ＥＤ76と入れ替わりに、引上げ線で待機していたＣ62重連はゆっくりとバックして、その前頭に付く。すぐ制動試験。鋭いエアの音、休みないストーカーの唸《うな》り、打合せの叫び声……運転室の内外を熱っぽい騒音が包む。全身から蒸気を噴いて発車を待つＣ62重連の周りは、むせるような白煙の渦である。

〈ニセコ1号〉は小樽から長万部まで、前補機（注2）・本務機とも長万部機関区の機関士と機関助士が乗務する。防寒帽を深く被《かぶ》り、窓から乗り出してホームを振り返っている田中機関士は働き盛りの40歳。防寒帽の上にものものしい防塵メガネをかざして、注水器のハンドルを回し水面計を見上げる武藤機関助士は26歳。2人ともこのコースのベテランだ。通票（注3）を受け取った田中機関士が、すばやく確認する。「通票、塩谷――ヨンカク！」それを指差確認して武藤助士は焚口扉を開け火室を覗《のぞ》く。広い火床に白熱の炎が渦を巻き、ストーカーの口から勢いよく石炭が噴射されている。

今日の〈ニセコ1号〉は、現車8両編成、換算32両（320トン）と、かなり軽い。C62重連の定数50（500トン牽引）には余裕があるが、行く手はきびしい雪の峠道である。

10時54分。凍るような小樽の空に豪快な汽笛を二声、C62重連は力強く足を踏み出す。田中機関士の右手が加減弁ハンドルをぐいぐい引き上げてゆく。ボイラー圧力は16・5キログラム、安全弁を噴かしたC62重連はドラフトに全身を震わせてポイントを渡り、20パーミルの急坂めざして猛然と加速する。静から動へ――、一瞬に変わった巨大な鉄塊を白いドレーンがくまなく包み、粉雪を捲き上げるドラフトが小樽の空を黒く覆う。白一色の町が、みるみるうちに眼下に沈んでゆく。

20パーミルの急坂を一気に登りつめたC62重連は峠のトンネルに飛び込んだ。首に巻いたタオルで顔を覆う間もなく、熱いシンダー（石炭の燃えカス）の雨が降り注ぐ。

トンネルの中はすでに下り勾配。20パーミルの急坂を駆け下りる運転室内は、背後から吹き込む床下の蒸気が渦を巻く。その白い渦の向こうに、前方を凝視する田中機関士の前かがみの姿が見える。坂を駆け下りると、すぐに塩谷の構内だ。

「通票、蘭島――サンカク！」

一瞬のうちにタブレットを取り替えて雪に埋もれたホームを時速60キロメートルで通過。躍るようにポイントを渡って本線へ。高い運転室から太いボイラー越しに見る前方の線路は狭く細く、頼りない。その2本のレールも降りしきる雪の中に、次第に見えなくなってきた。

シンダーを浴びて4つのトンネルを抜け、蘭島を過ぎ、雪に埋もれたリンゴ畑をかすめると最初の停車駅・余市《よいち》だ。ここの停車は短く、息つく間もなく発車、再び白煙とドラフトがすべてを包む。線路は石狩湾を離れて余市川沿いに次第に山に分け入り、渡島《おしま》半島の付け根を横断する山越えのコースにかかる。仁木《にき》を過ぎると、いよいよ第二の難所――銀山への長い登り坂だ。

加減弁ハンドルを握り締めた田中機関士の白い手袋が、機関車の身震いで小刻みに震えている。ジョイントを叩《たた》くようにして回り続ける動輪の上下動が固いバネを通して機関車を不気味に揺さぶる。半径300メートルに満たない急カーブが3対の動輪を軋《きし》ませる。揺れの少ないのが自慢のC62も、悪い線路条件で力いっぱい走るため70キロメートルを超えると動揺がひどく、重連機関車の形相は次第に凄味を加えてくる。

銀山を過ぎ、峠を登りつめると長い稲穂トンネルだ。汽笛を合図に、田中機関士と武藤助士は用意した布でサッと顔を隠す。間髪を入れずザーッと音をたててシンダーが降り注ぐ。突っ込む瞬間が最も激しく、数秒後にはソロソロと布を外してまた作業だ。トンネルを出ると長短三声の絶気合図、後ろの本務機がこれに答えて、あとは小沢まで急カーブを切りながら一気に下る。

全列車の制動が、前補機の田中機関士の右手一本にかかっている。長い下り坂でのブレーキ操作は難しい。客車の重みでグングン増してくる速度を70キロメートル前後に抑えるため、制動とエアの補給に全身の神経を集中する。

小沢に停車するとすぐに、武藤助士は火床を点検する。ストーカーを操作して火床に石炭を撒布《さんぷ》する。大ショベルを振るう投炭作業と違って力はいらないが、4平方メートル近い火床にうまく石炭をバラ撒《ま》くには、熟練と細かい神経を必要とする。

小沢から倶知安への道は、さらに険しい。この第3の登り坂は、構内の外れから20パーミル急勾配で延々と続いている。

ひとしきり強まった雪はすぐ吹雪となった。行く手の線路は雪に埋もれて見えなくなった。暗い空と凍る大地を、轟々と鳴りわたる重連のドラフトが覆った。

運転室の中では、田中機関士がハンドルを力いっぱい握り締めて、身じろぎもせず前方を見守っていた。口まで覆った防寒帽からわずかに覗く顔を、機関車の捲き上げる雪煙と横なぐりの雪が叩いた。目の前の大きなシリンダー圧力計の針は、途中の配管が凍ったのか、すでに動かなくなっていた。C62重連のドラフトは、凄まじい苦悶の呻《うめ》きに変わっていった。

12時01分——雪にまみれて2台のC62は倶知安のホームに転がり込んだ。田中機関士の顔も武藤助士の顔も、真っ黒だった。

4分の停車の間にC62重連は慌ただしく身支度を整える。氷点下のテンダーの上では給水と石炭の掻《か》き下ろしに懸命だ。走行部に異常はないか？　蒸気配管が凍結していないか？　田中機関士は雪まみれの足回りをくまなく点検して回る。この日の気温はマイナス9度だった。

12時05分——倶知安発車。すぐ力行だ。スキーを肩に手を振る少女の真っ赤なセーター姿を、重連機関車の雪煙が一瞬にかき消してしまう。行く手は再び雪に閉ざされた孤独な世界だ。

倶知安から比羅夫《ひらふ》まで、短い上下勾配が連続する。そして、ニセコ・昆布《こんぶ》・蘭越と線路は次第に下ってゆくが、羊蹄山《ようていざん》とニセコアンヌプリの中腹を縫う羊腸の道である。

蘭越を過ぎると第四の難所、目名から上目名へかけての長い急坂にかかる。武藤助士が重油噴射のバルブを開く。ストーカーで撒布する石炭の上から重油の強烈な火焔が火室中央めがけて迸《ほとばし》り、加減弁を満開したC62重連は満身の力を振り絞って急坂に挑み続ける。

急坂と急カーブのため、C62重連をもってしてもこのコースでは時速75キロメートルが精一杯だ。小樽～長万部間140・2キロメートルを3時間05分もかかって走る〈ニセコ1号〉の表定速度はわずか45・5キロメートル。

峠の上目名あたりは2メートルを超す雪だった。ここから20パーミルの下り坂を熱郛まで一気に駆け下りる。

黒松内から線路は最後の登り坂にかかり、5つの峠を征服したC62重連は噴火湾に近い蕨岱で、気動車急行の下り〈宗谷〉と交換のため運転停車する。吹雪はすっかり影をひそめ、一面に広がる雪原が太陽にまぶしい。白煙に包まれて憩う2台のC62の下半身は雪にまみれ、従台車からテンダー下部にかけて凍りついた雪塊が、雪の山越えの苦闘を物語っている。

長万部へはもう一息。明るい陽射しを浴びて最後のコースを走るC62重連の表情から、きびしさはいつか消えていた。黙々と加減弁ハンドルを握る田中機関士、火床整理に余念のない若い武藤助士。やがて彼らのたくましい手は、新しいディーゼル機関車のハンドルを握りしめることであろう。

13時05分、長万部到着。前補機C62 2は、苦労をともにした本務機C62 3 2に別れを告げて、ドラフトも軽やかに機関区へ引き上げてゆく。函館まで〈ニセコ1号〉を引いて走るC62 3 2の行く手は、まだ遥かである。

ニセコ3号　長万部→小樽
川地機関士・大野機関助士・塚越指導機関士（長万部機関区）

長万部機関区の雪に巨体を埋めて、C62 2は下り〈ニセコ3号〉で帰途につくまでの2時間余りを過ごす。向きを変えて給炭線に憩うC62 2は、黒い巨体に蒸気を吹き付けて冷えた身体を温める。

函館・室蘭両本線の分岐点にあるこの機関区には三百二十数人の乗務員がいて、長万部を中心に小樽・函館・鷲別《わしべつ》・瀬棚《せたな》まで四方面の路線を受け持っている。下り〈ニセコ3号〉を函館から運転してくるのも、小樽まで走らせるのも、この機関区の乗務員である。

15時30分——出発点呼。運転助役の前に作業服に身を固めた4人の乗務員が並ぶ。本務機2名、前補機2名、その前補機に乗り組む川地機関士40歳と大野機関助士29歳の帰りは、明日の上り〈ニセコ1号〉の本務機乗務である。つるべ落としの冬の陽が雪原を赤く染めて長万部の構内に早い黄昏《たそがれ》がきた。

16時20分——ホームに進入してくる下り〈ニセコ3号〉を薄暮の中に望みながら出区、函館から雪中を辿《たど》り着いたC62 3の前頭に付く。前補機C62 2と本務機C62 3は互いに励ましあって、遥かなる雪の行路に挑むのである。

C62 3では〝カマ替え〟が大変だった。逆巻く蒸気の中で若い作業員が仁王立ちになり、長い鉄棒を火室の外から突っ込んで、溶け固まった燃え殻を力いっぱい掻《か》き落としている。この難作業に手間取って発車は6分延、16時32分——。

長万部駅のC62重連の発進は凄まじい。二声の汽笛を合図に、2台のマンモス機関車は驀進《ばくしん》を開始する。ボイラー圧力16・5キログラム、加減弁を思いきり開いてシリンダー圧力10キログラム、少しずつリバーを絞りながら時速40キロメートルで構内を出る。加減弁全開で猛然と加速するC62重連の速度は、登り坂でたちまち70キロメートルに上がる。ダダダダ……耳を圧するドラフトは連続轟音に変わった。煙と蒸気の渦から、煙よけのツバメ・マークをわずかに覗かせたC62重連は、蕨岱へ続く急坂を駆け登ってゆく。

このC62重連の帰途は往路にもまして苦しい。編成は90トン重く、行く手には上目名への急坂をはじめ、蘭越から倶知安まで30キロメートルも続く登りダラダラ勾配が待ち受けている。重連機関車の息は切れ、吹雪く日には撥《は》ね上げる雪で視界はゼロとなり、走っている場所もわからなくなってしまう。

山峡を深い黄昏が包み、雪の下の細い道（線路）を求めて力走する重連のドラフトが暗い空の彼方に谺《こだま》した。

〈ニセコ3号〉は上目名への連続20パーミル急勾配にさしかかっていた。〝心臓破りの丘〟に挑む機関車の息遣いは次第に荒くなってきた。

防塵メガネをかけた川地機関士は加減弁ハンドルをしっかりと握り、その左手は砂撒きハンドルをしきりに動かした。定数にゆとりがあっても、凍った冬の坂道は滑りやすい。峠近くの2つのトンネル付近は特に危険だ。低速に弱いC62は空転を起こして進めなくなることもあるという。

ドラフトの轟音が雪の山肌に轟き渡っていた。その響きは近くなりまた遠ざかった。すぐ前の火室では石炭と重油の炎が渦巻いているのに、吹きさらしの運転室の床には雪が積もり足が凍えるようだった。暗い闇が行く手に立ちふさがり、前照灯が雪原を仄《ほの》白く浮かび上がらせた。雪はいつか止み、荒涼とした山の背にオリオン座が冷たく煌《きら》めいていた。

倶知安への長いダラダラ坂はあてどなく続いた。雪で遅れた上り列車と交換のため〈ニセコ3号〉は何度も停車したが、C62重連はそのたびに足を速めて遅れを取り戻した。

倶知安の構内は雪の底だった。大野助士はすばやく火床をならす。蒸気の渦の中は戦場だ。

「〝カマ替え〟やりますか――？」

テンダーの上から声が飛んでくる。本務機Ｃ62 3の給水が終わると、列車ごとバックして前補機Ｃ62 2の給水に移る。欠水しがちな冬は、ここで臨時に水を補給しなければ走れないという。

４分の停車時間をオーバーした列車は10分遅れで発車、全速で本線へ飛び出してゆく。３時間の苦闘の果てに小樽駅のホームに滑り込んだとき、Ｃ62重連は立派に遅れを取り戻していた。

ＥＤ76の牽引で札幌へ向かった〈ニセコ３号〉のあとを追うように、Ｃ62重連は海のほとりの機関区へ帰ってゆく。

広い構内に、肩を寄せ合うようにして２台のＣ62は眠りにつこうとしていた。雪明かりに浮かぶその黒い背に、音もなく雪が降りしきった。

注1　ストーカー＝自動給炭機。普通の機関車はショベルを使って手で投炭するが、C62・C61・D52など火床の広い大型機関車は運転台の下とテンダー（炭水車）に設けたこの装置で自動

的に石炭をくべている。国鉄では戦後開発され、C62 2号はC62でストーカーを付けた第1号機。

注2　補機＝勾配区間を登るのに1両の機関車では力が足りないとき、補助として付ける機関車。本来の牽引機関車（本務機）の前に連結したものを前補機、列車の後部に連結したものを後補機と言っている。前補機の付いた場合が「重連」。

注3　通票＝単線区間では駅と駅の間に2本以上の列車が走ると衝突や追突の恐れがあるため、通票閉塞式という方式が古くから採用されてきた。駅間に1個しかない通票を持たないと列車は出発できない仕組で、列車回数が制約され通過列車では授受に手数のいることから、自動信号化の進んだ最近ではあまり見られなくなった。函館本線は小樽～長万部間だけがまだこの方式である。通票が他の駅間で使われないよう、駅間によって通票の形が○□△○のいずれかに決められている。小樽～長万部間では○が8個、□が9個、△が2個。

機関車との出会い

関沢新一

いつ頃から機関車に興味をもちはじめたのか、僕は覚えていない。いまになって考えてみると、子供の頃は、だれでもがそうであるように、ただ漠然と〈汽車が好きだ〉という領域をでていなかった。自分がほんとうに好きだと思ったのは、二十歳くらいのときからで、〈あいつ、まだ機関車に夢中になっている。変なヤツだ〉と他人にいわれはじめると、〈ああ、ほんとうにオレは好きなんだ〉と思いはじめるのである。その頃は、やはり無意識のうちに男性的なものにひかれていたのだと思う。〈頼りになるヤツだ〉という印象である。

大学をでなかった僕は、その頃、よく仕事を変えた。はじめはさし絵画家か新聞記者になろうと思っていた。その当時の新聞記者のスターといわれるような人は、たいてい大学を出ておらず、給仕から努力して大記者になったひとが多かった。ひとつオレも給仕になってやろうと思ったが、なかなか入社させてもらえなかった。絵をかくのが好きだったから絵かきになろうと思ったりもした。要するに、大学を出ていない自分としては、一匹狼でやる仕事をさがし求めていたのである。といって、自信があるわけではなく〈やっぱり大学へはいるべきだったかな〉と悩んでいるとき、機関車の力強い走りっぷりは、僕をなぐさめ、はげましてくれたのだと思う。その頃は、何かあるたびに、線路のところへ行って、機関車が長い列車をひっぱって走るのを飽かずにながめていたことを覚えている。

そうしているうちに、僕は漫画をかきだした。たまたま京都新聞に投稿した漫画が採用されて、そこで連載漫画をかかせてくれることになった。漫画で、何とか身をたてられると思ったころ、友だちが映画をつくるので手伝ってくれという。それが映画界にはいる最初のキッカケであった。

漫画と映画のあいだをウロウロしているうちに、太平洋戦争がますますはげしくなり、兵隊検査のあくる年、召集になった。昭和十六年、二十一歳のときである。僕は目が近いし、電気屋の小僧をしているときに、トラックと衝突して足を折っているので、右足が一センチほどみじかい。兵隊検査もすれすれで合格したくらいだから、まさか召集は来ないだろうと思っていたのだが、敵もさるもの、重砲兵という、歩かなくてもよい部隊へ配属した。

そのころ、機関車への興味はますます強くなり、一日中ながめていたい衝動にかられたが、時局がそれを僕に許してくれなかった。

僕にはもともと、ミーチャン・ハーチャンの血が流れている。ある意味では、安っぽい、〈日本人〉的な浪花節の心を僕はいまでももっている。向こうから汽車が来ると、自然に流行歌のリズムが浮かんできて、スッーと目の前を汽車が通りすぎ、向こうに消えていくときは、なんとなく哀調をおびた流行歌的なメロディーが浮かび、安手のセンチメンタルな気分になる。僕が流行歌の作詞を、漫画の勉強とともにはじめたのも、その頃からである。

昭和二十年八月十五日を、僕はソロモンでむかえた。日本に無事帰ってきたのはいいが、マラリヤと栄養失調のおみやげをもち帰り、その上、日本には食べものがない。半年ほどブラブラしていたが、この期間ほど、僕を汽車から遠ざけた時期はない。汽車を見に行く余裕などまったくなかったのである。

そのうち、知人から、映画雑誌記者をやらないかという話があった。結局、名前だけの雑誌で、資金調達ができず、一号もでないまま廃刊になってしまったが、僕をふたたび映画の世界にひき入れた。やはり、この頃「エクラン」という映画雑誌を出すというひとがでて来て、京都で出版する、というので僕も参加した。三、四号くらいまで編集しただろうか。その途中で清水宏という監督にひろわれた。この人ほど僕の人生を変えた人はいない。これから十年近く僕を汽車から引き離し、そして結果としては、僕を大の機関車ファンにしてしまったのも彼である。

彼ほどスパルタ教育をする監督を僕は見たことがない。助監督からカメラ助手から、タイトル書きまで僕はしなければならなかったし、なによりも彼の映画のシナリオを書く仕事はきびしく、つらいものであった。

機関車を見たいには見たかったけれど、仕事が軌道に乗るまでは、と思いながら、僕は清水宏の内弟子の仕事にふりまわされた。

いずれ一人前のライターになって、一本書いたら、汽車を見に行ったり、写しに行ったりすればいい、と努めて見に行かないようにしていた。それと、清水宏のところに内弟子にはいったら、とても汽車を見ているようなヒマはなかった。〈清水さんのところで半年つとまった助手はいない。半年どころか、十年近く関沢はいた。あいつはよほどアホウか、図太いのか〉と映画人仲間で噂されたくらいである。

僕が汽車に対して、ふたたび興味をもちだしたのは、シナリオライターとして一本立ちできるようになった昭和二十九年頃からである。〈そろそろ汽車を見に行こうか〉という気になった。清水宏の仕事にもやや余裕がでてきたことも、そう自分に許した大きな理由である。その当時は、今のように追いつめられた気持はなく、ただ、汽車を見に行こうという余裕ある気持だった。いまは、これを撮っておかなければなくなるぞ、という緊迫感がある。その緊迫感が日ごとに強くなってきたように思う。

清水宏のおかげで戦後の十年間、僕は汽車とほとんど絶縁状態にあったけれども、そのおかげで、今になってみると、汽車を撮る暇ができ、経済的にも、何とか費用をつくりだせるようになったと思っている。あの頃、汽車に夢中になり、仕事をおっぽりだしていたら、今頃どうなっていただろうと、よく思う。片方の結果がわからないから、天秤にかけるわけにはいかないが、おそらく、今よりは、すべての点で、よくなりっこないと思っている。つまり趣味にも、裏切られていると思う。

僕はいま、仕事としてシナリオを書き、歌をつくっている。しかし汽車とは、ほとんど関係ない。あるとすれば、仕事によってこびりついた垢のようなものを、きれいサッパリ取除いてくれる役目が主で、あまり仕事の前面には出て来ない。出て来ないのではなくて、無意識にそうしているのかも知れない。なにごとでもそうかも知れないが、僕の場合、人並み以上に汽車に興味をいだいているものだから、映画をみていても、歌をきいていても、つまらないところの嘘ばかり目立ってきて、気持がつながらないからである。

なんという映画だったか忘れたが、こういう場面があった。——主人公たちが旅する話で、走る汽車と車内の風景がカットバックになっていたが、最初画面に走っている汽車は、C57であった。車内のシーンがはいり、次のシーンではC58が走っており、車上から進行する機関車を撮ったシーンはC11、最後に駅に進入してくる時は86《ハチロク》といったまぐるしさであった。しかし、見た限りでは、主人公たちを乗せた汽車は進行しており、汽車に興味のない人は、なんとも感じない。この場合、汽車がどっちを向いて走っていようと、何型が出現しようと、ドラマに関係ないようだが、なまじ汽車を知っていると、やりきれなくなる。つまらない嘘といったのは、このことである。

しかし、考えてみると、日本映画の場合、汽車が重要な役目の時は別であるが、ただ走っている汽車の機種を揃えるため、ロケ日程を組むほどのゆとりはないようで、ついあり合わせの汽車で間に合わせてしまうようである。

間に合わせるといえば、音の方でも、時々そんなことがある。大正時代をバックにしたテレビドラマだったが、汽車で主人公が上京するシーンで、客車の走行音が流れているところへ、ピーッと電気機関車の警笛が聞こえたことがあった。これなども知っていれば、妙にひっかかるものなのである。撮影する方も、よっぽどの違い以外は、ほおかむりしてしまうようである。

戦後しばらくして発足したある映画会社の話だが、殿様が馬で遠乗りに出かけ、河原で馬を降りてひと休みするところで、午前中の撮影を終わり、午後の最初のシーンで、殿様が家来に〈馬引け！〉と命じたところ、馬がいないのである。調べてみると、馬代をなかなか払ってくれないので、馬を貸した人がおこってしまって、昼休み中に馬を連れて帰ってしまったのである。それでワイワイ騒いでいると、近所の農家から、小道具係が一頭の馬を借りて来たが、見るとロバに毛の生えた程度の馬で、撮影できなかったという話があるが、馬とロバなら、誰が見ても、画がつながらないのはわかるが、汽車に関しては無抵抗である。C57とC11とでは、正に馬とロバ以上の差が、あってもである。

流行歌の作詞の場合も、やはり汽車は書きにくい。よく〈汽車は得意なンだから、汽車をテーマにした歌を頼む〉と言われるが、どうも趣味を、けたたましい仕事の世界に引きずり込むようで、あんまり気が乗らない。前に都はるみの「涙の連絡船」という歌を書いた。レコード会社の注文は汽車だったが、連絡船に〈なっちゃった〉のである。

もっとも、連絡船だって汽車とまんざら、無関係でもあるまいから、それでいいじゃないかと、押しきって吹込みをした。この歌には〈今夜も汽笛が、汽笛が、汽笛が〉と、しつこく汽笛が出てくる。何かちょっぴり、新しいスタイルをというつもりもあったが、汽笛に対する愛着も、多分にあって、こうなったのである。おかげでこの歌は大ヒットし、港町などに旅をした時、よく出航する汽船から、この歌が流れ出ており、ひそかにテレたり、喜んだりしたものだった。

仕事に汽車を登場させるのは、あまり好きでないが、汽車の写真を撮るほうは、それなりに集中する。といって、集中度が高まったのは、ここ二、三年前からである。それまでは比較的のんびりムードで写していたのだが、蒸気機関車があと数年で姿を消す、という話がにぎやかになって、あわて出したキライがある。

ところで、僕の写す汽車の写真であるが、どうしても永年しいごかれてきた〈映画〉というものが常に下敷になっている。僕の師匠の清水宏監督のロケーションのうまさは抜群だった。現在でも、これを抜く監督はそういないと思っている。しかし、厳しかったことも抜群で、今の人ならとても辛抱できないと思う。せっかく書いていったシナリオを、見もしないで破り捨てるということが、五回も六回もつづく。〈手とり足とり式〉のコンセツていねいな教え方ではなく、突放し式教育である。何もいってくれないから、僕としては自分なりに、別の見方を考える。その繰返しが、自然と、自分で物を見るという訓練になっていたのだろう。おかげで今日、これが非常に役に立っているようである。つまり、自分なりの汽車の写真が撮れる、ということである。

夕張炭鉱へ。最後の蒸気列車の旅

芦原伸

最後の旅客蒸気機関車――室蘭本線（東室蘭―苫小牧）

昭和五〇（一九七五）年一二月、全国でただ一路線、蒸気機関車の牽《ひ》く旅客列車があった。

北海道の室蘭《むろらん》本線・室蘭〜岩見沢《いわみざわ》間、一四〇・八キロメートル。〝蒸気列車〟は室蘭から太平洋沿いを走り、勇払《ゆうふつ》原野を貫き、石狩《いしかり》炭田の麓《ふもと》を駆けめぐる。上り、下り合わせて一日三往復、三一駅を四時間かけて走るどん行列車である。石炭を生命の炎として燃やし続けた蒸気機関車は、いま故郷の夕張岳《ゆうばりだけ》をあとに永久に去ろうとしている。

昭和五〇年一二月五日、一四時三二分。C57144の牽く229列車に東室蘭から乗車した。季節はずれのためか、ホームには私のほか、数人の乗客がいただけである。

明治五（一八七二）年、英国から一号機関車など10両が輸入されて新橋《しんばし》〜横浜《よこはま》間を走って以来、蒸気機関車は一〇〇年余に及ぶ日本の春秋を走り続けた。より性能を極め、強力大型化し、改良を積み重ねてきた蒸気機関車だったが、ついにここにその生涯を閉じることになった。弁慶号、義経号のゆかりの北海道、しかも動力源だった石炭ゆかりの夕張の地でその終焉《しゅうえん》を迎えるというのは、いかにも去り行く蒸気機関車にふさわしい話ではないか。

客車牽引《けんいん》の最後の蒸気機関車がC57というのも泣かせるエピソードだ。C57はC55の改良型で、大きな足回りと優雅なボディの曲線で、〝貴婦人〟と呼ばれた名機である。急行旅客列車用に昭和一二（一九三七）年に製造された。

東室蘭から苫小牧《とまこまい》まで二時間弱。列車は右手に白い波頭をあげる太平洋を見ながら、ほぼ一直線に走った。時速六〇キロメートルくらいか、客車特有の静かな、落ち着いた乗り心地がいい。

登別《のぼりべつ》、白老《しらおい》など夏には観光客で賑わう駅はいまは平凡な小駅に戻っていた。一五時五六分、社台《しゃだい》を過ぎるとサイロや牧場が見えはじめ、いかにも北海道らしい風景が展《ひら》けてくる。このあたりは日本で一番長い直線区間である。白老から沼《ぬま》ノ端《はた》まで約三〇キロ、東海道線でいえば東京から横浜あたりまでの距離である。さすが北海道！　定規で引いたように一直線に走る鉄道は北の大地ならではの醍醐味《だいごみ》だ。はるばる来たのだという感慨が湧く。

ボワォ、ボッ、ボッ。

汽笛を三度、吼《ほ》えるように鳴らすと、C57はいよいよスピードをあげた。

苫小牧着一六時一八分。ここで一〇分ほどの停車があり、ホームに出ると、蒸気機関車にたっぷりの給水がなされていた。

勇払原野の風を切る――室蘭本線（苫小牧―追分）

苫小牧を過ぎると、車窓には一面の原野が広がった。窓外には人家はなく、荒涼とした風景がえんえんと続く。

〝ヒョー、ヒョー〟と風が泣き、地の底から〝ゴオーッ〟と地鳴りが響く。動輪は激しく回り、ドラフト音が窓辺まで聞こえる。

一六時四一分、沼ノ端駅着。

勇払原野のただ中の駅である。ここから千歳《ちとせ》線が分岐する。

勇払原野は本州からくる旅人がはじめて出会う北海道の原野で、茫然とした荒野に立ち枯れた茶褐色の葦が風で倒れんばかりになびき、痩《や》せたカシワ、エゾハンノキの灌木《かんぼく》が黒い屍《しかばね》のように斜めに地を這《は》っている。今、鉛色の垂れこめた雪雲は、地平線を覆い、極寒の季節の到来を告げている。

苫小牧と千歳の間にひろがる勇払原野は、根釧《こんせん》原野、天北《てんぽく》原野と並び、北海道を訪れた人びとが、その広大さに溜息をもらすところだ。

勇払とはアイヌ語の「イブッ」（入り口の意）、苫小牧は同じく「トマク・オマイ」（泥濘《でいねい》の湿地の意）からきているともいわれる。勇払原野を物語るにはこのアイヌのふたつの言葉で足りてしまう。

かつて勇払は太平洋側から日本海へと通じる交通の要所で、アイヌの人たちは勇払川をさかのぼり、美々《びび》川を伝い日本海側の石狩海岸へ出た。本州から渡ってくれば、まさに勇払《ゆうふつ》は北海道の入り口だった。樽前山《たるまえさん》、恵庭岳《えにわだけ》の噴火でできた火山灰地はまさに泥濘《トマク》の湿地《オマイ》である。

この勇払原野に、開拓に踏みこんだのは江戸の八王子《はちおうじ》千人同心だった。寛政《かんせい》一二（一八〇〇）年のこと。その後も、記録では明治六（一八七三）年に開拓団が入植している。平坦で耕作しやすい土地と見こんでのことだったが、この土地がもともと火山礫《れき》の堆積《たいせき》した不毛の地であることを知ったのはずっと後のことである。

手つかずの大地の開墾は困難を極めた。とくに原野では終日、ブヨと蚊に襲われ、目も口もあけられないほど。それ以上に伝染病に感染する危険もあった。熊や狼は、時、場所を選ばない。蝗《いなご》の大群が空を覆い、収穫物はもちろん、家、着る物すらも食いあさり、多くの牛馬が餓《が》死《し》するありさまだった。冬の寒さは並大抵ではなく、凍傷などは日常茶飯事で、ある朝家族全員が凍死していたという事実も残っている。

そんな逆境の中で開拓民たちは、原野に鋤《すき》をふりかざしてきた。米や麦などはとうてい収穫することはかなわず、ただ痩せ地でとれる馬鈴薯《ばれいしょ》を北海道の大きな米だといって慰め合った。

それが結局、火山灰台地で、もともと不毛の土地であることを知ったとき、開拓民の悲しみはいかばかりだったろうか……。

暗雲たれこめ、広漠とした原野は、今は何も語らない。

苦あれば楽あり、というか明治四三（一九一〇）年、苫小牧に王子製紙工場が操業を開始して以来、町は繁栄の一途を辿《たど》った。それ以前、明治二五（一八九二）年に北海道炭礦《たんこう》鉄道（今の室蘭本線）が開通して文明の曙《あけぼの》を知らせた。紙の町として苫小牧は栄え、昭和三八（一九六三）年、日本で初めての掘り込み式人造港が完成。石狩炭田にも近く、この地一帯に大規模な工業基地開発が行われた。

原野の彼方に城郭《じょうかく》のように聳《そび》える製紙工場の煙突群。それは勇払原野開拓の終焉《しゅうえん》を物語る象徴的な姿だった。

偶然、車中で乗り合わせた沼ノ端に住む老人の談話を記しておこう。

「まずいないべさ、生きものは。ヨシキリが鳴いたの聞いたことあるけど、そんなものだけだね。……見てごらん、湿地だべ。土のように見えるけど、ぬかるみだべさ。まんず木だって、あのちんこいカシワぐらいなもんで、あれきり大きくならんべさ。いままでも開拓の人たち、わずかだが弁天沼《べんてんぬま》のほうに残っていなさるが、酪農やってるね。今、東部開発って、この辺の土地の買いとりやっててね、ひどいもんで、もともとここに住んどった人は何人もおらんだが、土地ブームっていうか、買い上げになると不在地主っていうんか、それが三〇〇〇人も出てきて、成金になって、たいそうなもんさね。世の中、なんか間違っとるね……」

蒸気機関車は原野を突っ切ると軽やかな足どりで旅路を急いだ。白い蒸気と黒い煙に包まれた、それは紛れもないあの鋼鉄の、生きた蒸気機関車であった。

蒸気機関車が各地から姿を消しはじめたのは今から一五年前（昭和三五年頃）である。熱効率が三〜六パーセントと悪く、燃料費がかさみ、石炭、水のこまめな補給が必要で、大量の石炭を喰い、天をも焦がす煙を吐き出し、見るからに無骨なその姿は前近代の象徴ともいえた。〝カラス列車〟とののしられ、吐き出される煤煙《ばいえん》で、花嫁の婚礼衣装も無残だった。

それがいよいよ全廃という直前、蒸気機関車は爆発的な人気を呼んだ。いわゆる世にいう〝SLブーム〟である。

前近代であるがゆえの工芸的な美しさ、躍動感、ひたむきな力走が〝勇姿〟として讃《たた》えられ、もう見られないという惜別の情が、〝郷愁〟を呼び起こした。

吹雪の中を驀進《ばくしん》するSL、重連、三重連となって峠を越える迫力、空を焦がさんばかりの煙、そしてまた、四季の花々や紅葉に包まれてのどかに走るSL——それらのかずかずのSLの名場面のポスターが、町の喫茶店やローカル線の駅に、旅館のロビーに、家庭の壁にと貼られた。そして、蒸気機関車が走るいたるところにSLマニアなる一群の熱狂的な人びとが現れた。その数約一〇万人といわれる。そのスタイルもほとんど同じで、アルミ製のごついカメラバッグ、一眼レフなどの高級カメラを二〜三台もち、肩から必ず三脚をぶらさげていた。

一〇万人の人びとが、日本全国津々浦々、汽車を求めて歩きまわった。

一体、これほどの熱狂的なブームがいままであったろうか？　……少なくとも写真、趣味の世界ではあるまい。

それは蒸気機関車の悲運がマニアの人びとを乗り越えて、万人の心に訴え、万人の心を動かすことができたからではあるまいか？

だれの心の中にも、汽車の思い出は必ずあるだろう。そのささやかな思い出を消したくないと思う心情が、蒸気機関車への郷愁となって甦《よみがえ》ったのかもしれない。

一六時五一分、遠浅《とあさ》駅。

あたりはすっかり夕闇が迫っていた。本線と名がつくものの、沿線の駅は淋しげだった。ひとり、ふたり、乗客が降りると、駅名板の仄《ほの》かな明かりだけを残して汽車は去った。

一七時一八分、追分《おいわけ》で私は降りた。

追分機関区は最後の蒸気機関車たちがまだ働いている。9600、D51など九機。ここは蒸気機関車の最後の砦《とりで》といってもいいだろう。追分は鉄道の町であり、その心臓部がこの追分機関区だ。機関区は広大な面積で、追分駅のすぐ南にあった。機関区の赤と青のシグナルが霧と闇の向こうに浮かんで見えた。汽笛がひとつ哀しく遠く消えた。

夕張炭鉱の明日──夕張線（追分―夕張）

夕張線（現、石勝《せきしょう》線）は楽しいローカル線だ。美しい夕張川の渓流にそって、たった二両のキハ22形のディーゼルカーがゴトゴト音をたてながら山道を登ってゆく。鬱蒼《うっそう》と茂った原始林や、渓谷の大きな岩肌、それが消えるとカラマツ林や牧場、サイロが見えた。夏にはきっと野鳥の囀《さえず》りが車内まで聞こえるだろう、秋には紅葉がまぶしいぐらいに目に映るだろう、と想像させる楽しい道中であった。途中、何台ものデゴイチとすれ違った。いずれの蒸気機関車も、何十両もの石炭車を牽引している。石狩炭田の中で、夕張炭鉱はいまなお活気があると聞いていた。この日の目的は、今年になって開発された〝夕張新炭鉱〟を見学することであった。

石炭景気は遠く去り、相次ぐ閉山のさなかで、業界の期待を担って唯一のホープと目されている夕張新炭鉱を一目見たかった。さらに蒸気機関車と炭山《やま》との関係も探ってみたかったのである。

北海道の鉄道は石炭から生まれたといっていい。幌内《ほろない》炭鉱の石炭を小樽《おたる》港まで運ぶため、明治一三（一八八〇）年、札幌～手宮《てみや》間に北海道ではじめての鉄道、幌内鉄道が開通した。それ以来、蒸気機関車は石炭とともに全盛期を迎え、そしていま石炭の斜陽とともに消えゆく運命に立たされている。そして、最後に残った場所もこの石狩炭田だとするならば、これは何かの奇縁ではないだろうか？　故郷の炭山で終焉を迎えるというドラマは、いかにも蒸気機関車にふさわしい。

清水沢《しみずさわ》の駅頭にたつと、いかにも炭鉱町らしい活気が伝わってきた。

一パイ飲み屋の並ぶ歓楽街、色とりどりの商店街、急ぎ足で歩く人びとの姿。しかし、何よりも驚いたのは、郊外にズラリとならんだ「炭住《たんじゅう》」であった。炭住といえば、煤《すす》けた長屋のような住宅棟を想像していたが、その暗いイメージとは対照的な、モダンな団地だった。クリーム色の壁に、赤、青、緑の鮮やかな屋根。それがマッチ箱をならべたかのように整然と町を囲んで並んでいる。あたかも、スイスかオーストリアの田舎町に舞い込んだようなのだ。

夕張新炭鉱は町はずれの奥深い緑の山の中にあった。案内をしてくれたのは、北海道炭礦汽船株式会社の佐藤好美さん。佐藤さんによれば、新炭坑は清水沢から沼《ぬま》ノ沢《さわ》にまたがる南北八キロ、東西三キロの広さで、石狩炭田では一番大きく、立坑《たてこう》は海面下六八〇メートルの深さに及んでいる。設備は近代化され、採炭には西ドイツ製の新鋭機械を用い、保安はコンピュータの集中管理によって炭坑内部の安全性が確保されている。労働者は坑員（坑内で働く人）、準備員（警備、夜勤など）、北炭直属の社員と分かれ、全部で一三〇〇人ほどの規模だ。石炭の生産は年間一七〇〇トン。来年からは五〇〇〇トンの予定である（ちなみに北海道全体の総生産は年間九四万トンで全国生産の四八パーセントを占めている）。

採炭は一番方、二番方、三番方と分かれ、三交代制。一番方は早朝から夕方、二番方が夕方から深夜まで、三番方が深夜から早朝。それが一週間交代で続き、休日は日曜日だけ。相当ハードな労働条件だ。

詰め所に入ると、折しも一番方の男たちが戻ってきた。

顔はもちろん、耳の奥、爪の中まで墨一色の男たちの姿は異様である。しかし、精悍《せいかん》な顔立ちや太い腕っぷし、男臭さは〝さすが日本男児、ここにあり〟という雰囲気であった。

その中のひとり、小野博さん（四二歳）は、大きくタバコを一服して、

「炭坑夫といっても、昔とは違うからね。みなさんと同じですよ。もっともぼくぁ、酒を飲むことしか楽しみは知らんけども」

笑って、白い歯を見せた。

「危険ということじゃ、漁師だって同じですよ。ぼくぁ、いつも漁船に乗った気持ちで仕事してるよ。そりゃ海と違って、坑内は三〇度の暑さだし、この通り真っ黒になるがね。いい仕事とはいえないが、だけんど、仕事ってのは何でもつらいんじゃねぇかい」

今、坑員の平均年齢は四十五、六歳だという。若い人はいない。給料は深夜手当込みで二〇万円程度。住宅は無料、暖房、水道、電気代は会社もち。ただし、いつも危険をともなうことは覚悟せねばならない。

蒸気機関車の生命力である石炭はこうした男たちの労働によって生み出されているのだ。蒸気機関車は男たちの汗の結晶を燃やしながら、エネルギーに変えているのであった。

ボタ山に登ると、清水沢の町が一望できる。ゆるやかに夕張川が蛇行《だこう》し、山々が町をとり囲んでいた。ガラガラと、〝ズリ〟を落とす選炭場の鈍い音が聞こえ、その向こうに団地のような新しい炭住がまばゆいばかりに連なっていた。

ボッ、ボッ、ボッ。汽笛が山間《やまあい》に響く。運炭の長い貨物列車がD51に牽かれてゆっくりと山を下っていった。

駅は乙女たちの園だった——夕張線・南清水沢駅

夕張からの帰り道、珍しい駅を発見した。

南清水沢駅は民間委託され、そこに三人の乙女が働いていた。山峡の小さな女の園！

居合わせた駅長さんは及川尤子《ゆうこ》さん。なんと二八歳の独身で、六年間もここで駅長を務めているという。一本気な色白のなかなかの美女である。もうひとりは半年目というピチピチの二一歳の谷本豊子さん。朝の五時四五分から夜の二一時三〇分まで三人交代で駅を守っている。

一日の旅客列車は上下で二二本。主な業務は出札、改札で、お客さんは大半が地元の通学の小学生と中高生らしい。

一六時、ちょうど下校時刻なのだろう、小さな駅はランドセルを背負った小学生や長髪、リーゼントカットのつっぱり風の高校生でいっぱいだった。

「定期券、紅葉山《もみじやま》（現、新夕張）まで」

「はい、六二〇円よ」

「あっ、今日金もってねえや」

「馬鹿ね？　あんたそれでも学校行ってるの？」

「うあー、言われちゃったよ、このおばはん！」

「おばはんじゃないわよ」

豊子さんは窓口の向こうで机をドンとたたく。高校生たちは「わぁー」と声を出して逃げるふりをする。

駅は若者たちの息抜きの場所なのだ。

そうかと思うと、近所のおばさんが、

「友愛バザーのポスター貼らしてけれや」

と、やってきたり、

「電話ちょっと貸してけれや。ついでに熱いお茶も」

なんて図々しいおじさんもやってくる。

尤子さんの机には大きな菊の花が置かれ、窓際には紙人形が飾ってある。いずれも近所の花好きのおばあさんや小学生が持ってきたもの。女駅員さんは、どうやら地域の人気者なのだ。

夕暮れ迫るホームに列車が入る。

「ハーイ、並んで、並んで」

豊子さんは遠足の児童を扱うように大きな高校生を改札口に並ばせる。

「バイ、バーイ、ねえちゃん！」

「はい、はい、さようなら」

列車がホームを去ると、車掌は身を乗り出して最敬礼。

ふたりの女駅員は、並んでぺこんとお辞儀する。

和歌山《わかやま》に就職して、やはり故郷がいいと帰ってきたという尤子さん。「将来のことはなんも決めてねぇ」とはにかむ豊子さん。

男たちの炭山に、女たちの清々《すがすが》しい青春の顔があった。ちなみに一日の売り上げは三万～四万円。南清水沢から東京都区内までの運賃は四八一〇円。いままで一番遠くへの切符は九州の佐世保《させぼ》だったという。

追分から蒸気機関車で岩見沢へ――室蘭本線（追分―岩見沢）

周囲にはすでに闇が迫っていた。

追分から229列車に乗る。前日の旅の続きであった。

一七時二四分、蒸気機関車は大きく身をゆさぶるようにガタンと音を立てると、なめらかに闇の中へ滑り出した。そんなところに、かつての急行旅客機関車C57の威厳が感じられるのだった。

乗客は一両に五～一〇人。どこからか酔客の歌う低い民謡が流れてくる。眠る人、雑誌を読む人、ごく普通の通勤帰りの風景で、ドラフトの音がかすかに窓辺から伝わるほかは、これが日本で最後の蒸気機関車になるという感慨は湧いてこない。

由仁《ゆに》に停車すると、機関車めがけてホームを走った。蒸気機関車の最後の息吹を写真に撮っておきたかったのだ。

機関士に同乗をお願いすると、快く乗せてくれた（当時の国鉄はおおらかで、頼めば結構機関室に乗せてくれたのだ)。

ガッー、ゴォー、バリ、バリン。

耳をつんざく凄《すさ》まじい音に驚く。汽車は左右に、上下に揺れた。ちょうど栗山《くりやま》の勾配《こうばい》にさしかかったのだろう。

機関士は加減弁を握りしめ、機関助士は燃えたぎるカマに力いっぱい石炭をくべる。助士の顔は火室の照り返しに真っ赤に燃える。額からは大粒の汗が落ちている。窓からは冷気をふくんだ原野の風が、おかまいなしに入ってくる。

ボワォー。

一声鳴くと、蒸気機関車は峠を越えていた。

カラカラカラ。

乾いたロッド(車軸)の音が軽やかに響いてくる。

「冬のほうが暖かくてまだいいべさ。夏なら地獄だ」

一段落したのか機関助士が話しかけてきた。

「だが大雪の時は、ここが雪の吹きだまりになって、身動きできんこともあるだよ」

話を聞きながら、私はいつしか蒸気機関車の想い出の糸をたぐっていた。

機関室に同乗したのは、五度目だった。

最初は山陰本線のD51。夏のはじめの夕べの草いきれと、名もない小島を真っ赤に染めて落ちていった太陽が鮮明に浮かんだ。駅ごとに消えていった行商の老婆たちの曲がった背中が淋しかった。

二度目は宗谷《そうや》本線のC55。雪のメルヘン列車とでも名づけたいようなスマートさと気品に溢《あふ》れた蒸気機関車。〝シゴゴ〟。車内灯の明かりが線路の両側にうずたかく積もった雪に反射して、ユラユラと揺れた幻想的な雪の道だった。

三度目は石北《せきほく》本線、常紋峠の9600とD51の重連。凍《い》てついた早朝の静寂を破り、大地に響き渡ったドラフトの轟音《ごうおん》。まさに男のドラマを思わせた峠越えのスリル！

そして四度目は、廃止となる記念日に搭乗した木曾《きそ》森林鉄道のボールドウィン。小さな躰《からだ》をきしませながら、歩くような速度で木曾の谷間を縫《ぬ》った、ほほえましい情景――。

蒸気機関車の旅はなぜか、心に染みいる旅であった。手作りの、素朴で、温かい、何か心を包み込んでくれるような、優しさを教えてくれた旅だった。

石炭を命の炎として生き、日本の山河をかけめぐった蒸気機関車は、故郷の炭山がふたたび活気に溢れるようにという希望の中で、今、永遠に帰らざる旅に出た。

「蒸気機関車」への招待　編者解説エッセイ

芦原伸

日本の蒸気機関車は明治五（一八七二）年の鉄道開業から昭和五一（一九七六）年の全廃まで、一〇〇年あまりにわたり活躍した。Steam Locomotive の頭文字をとって「ＳＬ」と呼ばれ、親しまれた。

廃止が迫った一九七〇年代初頭から、ＳＬブームは社会現象ともなった。あちこちのローカル線の沿線ににわかに〝お立台〟が現出し、三脚、カメラの放列が並んだことを記憶している方も多いだろう。ブームが過熱するなか、ＳＬを追いかけて全国をめぐっていたファンの数は約一〇万人といわれる。

ＳＬは大型機械工芸の頂点ともいうべく、機能的で、しかも風景に溶け込むような美しいフォルムだったが、一方迫力もあった。その重量感と躍動感を思う存分に発揮したのが、シロクニ（Ｃ62形蒸気機関車）であり、函館本線の通称〝ニセコ街道〟だった。

鉄道ファンは愛称で、蒸気機関車を呼んだ。

デゴイチ（Ｄ51形）はもっとも量産された力強い貨物用機関車、シゴナナ（Ｃ57形）は〝貴婦人〟とも呼ばれ、美しい動輪が魅力だった。〝高原のポニー〟と呼ばれたシゴロク（Ｃ56形）は小型で、小回りのきくローカル線タイプ、キューロク（９６００形）、ハチロク（８６２０形）は大正生まれの古武士のような存在だった。

なかでもシロクニは、機関車本体と、テンダー車（炭水車）を合わせた総重量は約一四五トン、長さは二五メートル、動輪直径一・七五メートルに及ぶ重量級の高速用機関車で、東海道・山陽本線などの特急・急行用として活躍した。

そのシロクニが重連（二台）となり、北海道の函館本線（小樽―長万部）を走っていた。とくに冬は豪雪地帯となり五つの峠を越えてゆく様子はまさに〝凄絶〟なシーンだった。

Ｃ62形を操る機関士・機関助士にとっても、とくに冬場の「ニセコ１・３号」乗務は過酷なものだった。

酷暑と極寒が繰り返し、場合によっては身体の左右が同時に、火室からの灼熱と氷点下の寒風雪にさらされる厳しい乗務の様子を、**竹島紀元（一九二六―二〇一五）**は「雪の行路」で臨場感をもって描いている。

「雪の行路」は昭和四四（一九六九）年厳冬の取材、竹島が長らく社主・編集長を務めた『鉄道ジャーナル』誌の同年四月号に掲載された。また、同名の三五ミリ映画も続いて発表された。

竹島は日本の統治下にあった朝鮮半島に生まれ、帰国後、旧制五高を経て、九大工学部に進学。在学中から国鉄の機関区を訪ね、「実習」名目でＳＬに添乗したという特異な経験をもつ。交通新聞社記者を経て、昭和四〇（一九六五）年に鉄道記録映画社（のちの鉄道ジャーナル社）を設立し、『鉄道ジャーナル』誌、続いて別冊『旅と鉄道』誌（休刊を経て天夢人により復刊）をそれぞれ創刊した。

ぼくが大学卒業後、週刊誌記者、旅行会社などを経て、初めてまともに就職したのが鉄道ジャーナル社だった。ちょうど『旅と鉄道』の創刊期、デスクとして入社し、竹島編集長の下で長らく働いた。

竹島は、「編集者は記者であれ！」という信念を貫き、自らも列車への同乗や機関区など現場取材のルポルタージュを生涯書き続けた。当時は編集部員が四人しかいなかったが、それぞれが取材に赴き、月刊誌、季刊誌の編集もこなした。ぼくが今も現場主義を極力重んじているのは竹島編集長の教えによっている。

シロクニ2号機は、デフレクター（除煙板）に銀製のツバメマークがつけられていた。在学中のことであるが、吹雪の小沢駅で列車が立ち往生してしまったことがあった。写真を撮ろうと思い、先頭車まで行った時、この「スワローエンゼル」を見つけて、感動した覚えがあった。かつて東海道線の花形特急「つばめ」牽引時の栄光のメモワールだったのだ。現在2号機は京都鉄道博物館に保存されている。

関沢新一（一九二〇—一九九二）も鉄道ジャーナル社ゆかりの人だった。ぼくがデスクを務めていた時、『旅と鉄道』の編集顧問をしていた。

関沢は、鉄道よりも東宝映画「ゴジラ」シリーズなどの脚本家、美空ひばりの「柔」や都はるみの「涙の連絡船」など、多くの歌謡曲の作詞家としての方が知られている。

一方で、大の鉄道ファン、とくにＳＬファンの先がけともいえる存在だった。

「小学校の頃にやな、背が小さくて、イジメにおうたんや。そんな時、京都駅の跨線橋にたたずむと、大きな蒸機が力強く走ってくるんや。〝頑張るんやで、負けたらあかんで〟と言われているようでな」

関沢は京都で生まれ育った。小柄な体躯ながら京都弁の大きな声で話し、眼鏡の奥に光る目は、いつも少年のような好奇心で輝いていた。

二一歳で徴兵され、ソロモン諸島で終戦を迎えた関沢は復員後、独立映画プロダクション「蜂の巣映画」の清水宏監督のもとで、助監督・シナリオライターとしての研鑽を積む。清水は〝実写性〟を重んじる監督だった。関沢もその影響を強く受けたのだろうと思わせる記述が、「機関車との出会い」にある。

――最初画面に走っている汽車は、Ｃ57であった。車内のシーンがはいり、次のシーンではＣ58が走っており、車上から進行する機関車を撮ったシーンはＣ11、最後に駅に進入してくる時は86《ハチロク》といったためまぐるしさであった。（中略）なまじ汽車を知っていると、やりきれなくなる。

映る場面によって、登場する汽車の種類が違う。いまどきのテレビドラマを見ていても、同じようなシーンはいくらでもある。

改めてこの文章を読んで、いかにも〝師匠〟らしいなぁと思ったことだ。

じつはぼくはフリーとなった後、押しかけ弟子となり、長らく関沢を師匠と呼ばせてもらっていた。ケムリを求めて、全国各地、晩年は中国大陸までＳＬの撮影にも同行した。

「アシハラクン、人生は柔《やわら》やで。相手の力を利用して、最後には勝つんや」

いまも忘れられない、師匠の金言である。

ちなみに都はるみのうたう「涙の連絡船」のサワリ、

♪今夜も　汽笛が　汽笛が　汽笛が　独りぽっちで　泣いている

の汽笛は、作詞家にとっては船ではなく、ＳＬの汽笛だった。

渋谷南平台に住んでいた師匠は渋谷駅からの坂道を登るとき、タクシーには乗らず、いつもＳＬの踏ん張りを思い出しながら帰宅したという。そう思うと、師匠の活躍は、影ではいつもＳＬに励まされていたようだったのだ。

国鉄最後のＳＬ牽引による旅客列車は、昭和五〇（一九七五）年一二月一四日、室蘭本線室蘭〜岩見沢間で運行された２２５列車だった。

牽引機は現在、さいたま市の鉄道博物館に保存されているＣ57形１３５号機だった。その一カ月あまり前、ぼくは室蘭本線東室蘭〜追分間を、Ｃ57形１４４号機が牽引する２２９列車に乗車した。本作はその記録である。

明治時代、新政府の「富国強兵」スローガンの礎をなしたのは、石炭産業だった。その中心地は北海道の石狩炭田であった。新政府はいち早くこの地に鉄道を敷き、運炭列車を走らせた。その動脈の一つが室蘭本線で、夕張地方で採掘された石炭は室蘭港へと運ばれて、全国へ流通した。

蒸気機関車の最後の活躍舞台が室蘭本線だった、ということに歴史の因果を感じるばかりだ。ＳＬは生まれた地で、終焉をみることになったのである。

機関区の赤と青のシグナルが霧と闇の向こうに浮かんで見え、汽笛がポァと、ひとつ悲しく消えていったことが、いまでも鮮やかに思い起こされる。

この時は北炭夕張新炭鉱を訪ねた。国内石炭産業の〝最後のホープ〟と期待されていたところだ。親会社は北海道炭礦汽船（旧・北海道炭礦鉄道）で、それまで北海道の鉄道整備に大きな役割を果たしてきた。

——「坑内は三〇度の暑さだし、この通り真っ黒になるがね。いい仕事とはいえないが、だけんど、仕事ってのは何でもつらいんじゃねぇかい」

煤で真っ黒になった顔に白い歯がのぞく坑員のこのときの言葉を忘れない。

しかし、その期待された夕張新炭鉱が、わずか六年後、ガス突出、坑内火災事故により多大な死者を出し、翌八二年に閉山に追い込まれた。

北海道のSLの石炭を担った夕張の炭鉱が、三菱南大夕張炭鉱を最後にすべて失われたのは、平成二（一九九〇）年のことになる。

国鉄のSLは旅客列車の廃止に続き、わずか一〇日後、一九七五年一二月二四日に貨物列車が夕張線夕張〜追分間で、D51形241号機の牽引により運用を終えた。そして翌七六年三月二日、ぼくが訪ねた追分機関区の9600形三両による入れ換え作業を最後に、営業用のSLはすべて姿を消すことになった。

しかし、あれから四〇年の歳月が経った今、平成二九（二〇一七）年現在、蒸気機関車は山口線、釜石線、陸羽東線、上越線などで、不死鳥のごとく復活した。

機関車もデゴイチ、シゴハチ、シゴナナ、シゴロク、ハチロク、C11、C12など二五機が健在だ。

蒸気機関車は、今後も「生きた鉄道遺産」として永遠にその姿を残すことだろう。

夜行列車

雪解横手阿房《あほう》列車

内田百閒

一

新潟から帰って来て、間を三日置いて、四日目に又奥羽《おうう》の横手へ出掛けた。阿房列車に魔がさしたわけではないが、雪が解けない内に行って見たいと思ったので、気がせく。新潟でも横手でも、雪のある所は寒い。東京は漸《ようや》く少し暖かくなり掛けたところである。わざわざ寒い所へ出掛けて、風を引かないかと心配してくれる者がある。天皇陛下は、毎年寒い冬に葉山へお出掛けになって、よく風を引かれる。葉山が暖かいからお風を召すので、寒ければ風を引かない。寒い新潟や横手は、途中から雪が積もっている。私なぞの様な雪景色を見馴《みな》れない者は、白皚皚《はくがいがい》たる車窓の外を眺めただけで身が引き締まり、ぎゅっとした気持になるので、風なぞ引かない、だろうと思う。風を引かないなら、行って見て寒いのは自業自得《じごうじとく》だから、構わないつもりにする。

横手にはこの前、一昨年《おととし》秋出掛けた時の奥羽阿房列車で泊まった。だから曾遊《そうゆう》の地である。阿房列車を同じ行き先へ二度も仕立てると云《い》う事は、大体考えてはいないが、ただこの横手と、もう一つ、熊本の先の八代《やつしろ》とへは、重ねてもう一遍行って見たいと思う。

横手は雪の深い所だそうで、この前行った時聞いた話では、その時分になると、雪のない所は駅の構内だけ、町じゅう一帯が雪に埋もり、自動車も使えない。自動車の運転手はその間転業する。交通運輸は人でも荷物でも、橇《そり》で運ぶと云うので、私は生まれてからまだ橇に乗った事がないのみならず、橇と云う物を見た事もないから、面白そうだと思った。

それで去年の冬は、雪のある内にもう一度横手へ出掛けようと思ったが、そう思っている内に暖かくなってしまった。雪が解けたかも知れないし、解け際《ぎわ》に大きな雪崩《なだ》れがあっては、こわい。現にその時分、奥羽本線の横手の手前で、汽車が立ち往生したと云う新聞記事を読んだ。

そうして又今年の冬になった。雪が積もっているだろう。今年こそは行って見ようと思っているのに、どうした風の吹き廻しだったか、新潟の方へ先に行ってしまった。

昔、学生時分の話でなく、ちゃんと一人前になってから、早稲田《わせだ》の終点に近い砂利場と云う所の下宿屋にもぐり込んで、息を殺した事がある。下宿のおかみさんが、時時頓《とん》興《きょう》な声を発する。あれ、あれ、あれ、あの鯵《あじ》を今しまっておこうと思ったんだけど、猫が持って行ってしまった。

お勝手のあすこの戸を、今閉めておこうと思ったんだけれど、裏の鶏《にわとり》がみんな上がって来て、だしの煮干しを食べてしまった。

先生さんに早くそう云っておこうと思ったんだけれど、今月の下宿代をどうしてくれる、と云う。

横手に雪が積もっている内に、早く行こう、行こうと思ったんだけれど、大分遅くなって、明日はもう三月である。旧暦の小正月で、今夜はお正月の十五夜に当たる。寝台車の窓からまんまるいお月様が見えるか、どうかわからないが、乗った汽車が月夜を走って行くのはいい。

今日は朝から上天気で暖かい風が吹き、午後遅く少し雲が出たが、矢張りお天気はいい。今度は夜汽車である。成る可《なべ》くなら、窓の外の景色が見られる昼間の汽車にしたいと思ったが、上野横手間にそう云う都合のいい発著《はっちゃく》はなかった。

夜九時三十分上野発の四〇一列車、一二三等急行「鳥海」の寝台車で行く事にした。「鳥海」に寝台はなかったのだが、この頃になって聯結《れんけつ》したらしい。半車の寝台車であるけれど、半車と云うのは寝台が半分になっているわけではないから、それは一向構わない。

夜の出発だから、ちっとも忙しくない。悠悠閑閑として日の暮れるのを待ち、暗くなってからもゆっくり時間を過ごして、少し早目に出掛けた。出直し横手阿房列車の編成が、ヒマラヤ山系君と同行二人なる事は、従前と変りない。

　家から出掛ける前、何をするにも時間をたっぷり掛けて、あわてる事はなかったが、日日の晩の順序の中で一つ省略した事がある。山系君も私もまだ今日の夕食をしていない。夕食は私に取っては、一日にたった一度のお膳《ぜん》であって、朝は食べないと云っても、寝ているから食べられる筈《はず》がない。昼は遅午《おそひる》にして、食べて食べられない事はないが、多年の経験で考えて見て、折角起きて来たのに、お膳の前に坐《すわ》り込んで時間を潰《つぶ》すと云うのは、全く意味がない。空襲の当時と違い、何でも食べる物はあるから、何も食べなくてもいい。御飯を食べるのは惰性に過ぎない。だから昼飛びで済まして澄ましている。

　しかし、そうすると腹がへる。肉感の中で一番すがすがしい快感は空腹感である。その空腹感を味わいながら、晩のお膳を待つ。一日に一ぺん位お膳に向かっても、天を恐れざる所業ではないだろう。そこで成る可く御馳走《ごちそう》が食べたい。それを楽しみに夕方の時を過ごす。冬と夏では多少違うが、大体私の夕食は九時頃である。「鳥海」の発車は九時半だから、汽車が動き出してからにしても、いつもの時間よりそう遅いと云う事はない。

「鳥海」は半車の寝台を聯結したけれど、食堂車はまだない。だから汽車が出てから食事をするには、お弁当を持ち込まなければならない。成る可く御馳走がいい。しかし荷物になるのは困る。その兼ね合いは家の者に任せる事にした。

前前からの読者は、じれったく思うかも知れない。よそ事を云って、お酒はいらないのかと云うだろう。今その事を話すところであって、それが中中簡単に考えられない。容《い》れ物はある。鹿児島阿房列車の時、買って行った魔法罎《びん》が二本ある。それに家からお燗《かん》をした酒を入れて行く。酒の肴《さかな》はお弁当のおかずである。それで萬端《ばんたん》とのったが、ただそれを取り出して、一献する場所がない。山系君と二人で二本の魔法罎を空にするには、大分時間が掛かる。又そう急いで済ませたくはない。話しもするだろう。歌を歌ったり、騒いだりはしないけれど、何しろまわりに人がいるから気がひける。普通の座席で、特別二等車の様に二人きりに仕切られているなら、はたから少少お行儀が悪いと思われても、人の思惑《おもわく》をこちらで我慢する気になれば、まあそれで済むかも知れない。しかし、寝台車の中へお酒を持ち込み、一等寝台のコムパアトなら何の文句もないが、ぐるりに他のお客がいる二等寝台のカアテンの中で酒盛りを始めていいか、どうかと云う事になると、疑問がある。

そう云う事を慮《おもんぱか》って、寝台車の下段が、山系君と向かい合わせになる様な番号を取って貰《もら》おうと思ったが、それは先約があって叶《かな》わなかった。山系君は私の上の上段に寝る事になった。その上段へ上がって行って始めれば、二階の宴会と思う事も出来る。しかし上段は狭くて窮屈で、寧《むし》ろ天井裏の酒盛りと云った趣きになる。矢張り下段でなければいけないだろう。下段はカアテンの前を人が通る。気が散って、おちおち飲んでいられないかも知れない。近隣への遠慮は極力声を低くする様に心掛けるとしても、少し廻って来れば自制がゆるむ事は、永年の経験で承知している。隣りのカアテンの中から、うるさいなぞと声を掛けられたら萬事休する。寝台車のお客と云うものは、中へ這入《はい》るとすぐに寝てしまうらしい。窮屈で、起きていてどうする事も出来ないから、止《や》むを得ず寝るのかも知れないが、又算盤《そろばん》ずくで考えて、高いお金を出して寝台券を買ったのだから、寝台車に乗ったら、寝なければ損だと云うので、横になり、眠たくないのに目をつぶっているかも知れない。そう云うのが、酒盛りなぞしている声を聞くと、怒り出す危険がある。

二

定刻より大分前に乗車した。寝台ボイが出迎えて、私共の寝台に案内し、手廻りに必要でない荷物は預かってくれた。寝台車の中には、そう云う物を置く場所もない。預けられない大事な物は、弁当の包みと二本の魔法罎である。これはいいのだ、今いるのだと云ったら、ボイがお辞儀をして行った。

寝台車には喫煙室がある筈だから、人が使っていなかったら、そこを占領して開宴してもいいと、一先《ひとま》ずは考えたが、半車にそんな設備はないかも知れないと思い返した。

そう思った儘《まま》、どこでどうするか気持がきまらないなりに乗って見たら、ボイ室の隣り、洗面室の前に二人席の小さな喫煙所があった。

喫煙所に灰皿があり、吸いさしの煙草《たばこ》が差してあって、どうもボイが使っているらしい。一先ずその喫煙所に山系君と並んで腰を下ろし、なぜと云うに、まだ寝る気もしない時カアテンを垂らした寝台を見ると、むさくるしくて、陰鬱《いんうつ》で、そんな所にいるのはいやだから出て来て、一服しながら、通り掛かったボイを呼び止めた。

君、相談があるのだが。はい、何で御座いますか。この喫煙所は君が使っているのかい。いえ、よろしいので御座います。しかし君の場所なのだろう。ボイ室にはお客様からお預かりした荷物が置いてありますので、こちらが空いている時は、ここで休んで居《お》りますけれど、よろしいので御座います。まだあちらに休む所がありますから。

それでは、ここを使わして貰おうかな、と云うと、どうぞと云ってお辞儀をして、行きかけるから、もう一ぺん呼び止めた。

実はね、ボイさん、僕達はまだ晩の御飯を食べていないのだよ。弁当は持っている。発車して、ここいらがざわざわしなくなったら、始めたいと思うのだ。それが君、弁当を使うだけではないから、苦心しているのだ。お酒が飲みたい。この魔法罎がそのお酒だ。だから君に預けるわけに行かなかったのだよ。余り遅くならない様に心掛けるけれど、そう早くも済まないと思う。それで遠慮しているのだが、それでは、ここを使って始めて、いいかい。

どうぞ、御ゆっくり。

それで解決して安心した。発車を待つばかりである。

しかし車内が暖か過ぎる。暖房が利《き》き過ぎてむんむんする。今日は朝から暖かくて、晩出掛ける前は、ストウヴを消してもちっとも寒くなく、十八九度を下がらなかった。障子を開けると外の方が暖かい位の陽気だったのに、車内は厳寒のつもりでスチイムを通している。これから発車して山に掛かれば、雪があって寒いかも知れないけれど、こうして上野駅のホームにじっとしていて、こんなに暖かくては、気がちがうだろう。気ちがいになっても構わないが、弁当の中の御馳走が腐ってしまう。貴君《きくん》、その包みをどこかへやっておかなければ駄目だよ。

私共は余程早く乗り込んだので、今までゆっくりしたが、そろそろ他のお客が這入って来出した。温気《うんき》に蒸されながら我慢している喫煙所の前を人が行ったり来たり、何だかそわそわして来た。

そこへ今夜も亦《また》、見送りが二人来た。全くのところ、却《かえ》って恐縮の極致であるが、来る方の虫の所為《せい》だから、いかん共なし難い。昼間の汽車ならまだしも、夜の寝台車へ這入って来られて、自分の寝床へ案内するわけにも行かず、又寝台車はあらかじめ窓を下ろし、遮光のカアテンが引いてあるから、霊柩車《れいきゅうしゃ》の様な趣きで、車外と車内で話しをすることも出来ない。止むなく先方も中へ這入って来る。時間が迫るにつれて、狭い通路が混雑する。その中で見送りの紳士に応対する。気が気でないから、結局こちらから車外に出開帳《でかいちょう》し、ホームに起《た》って発車までの時間を潰す事になる。そうしてお見送りの労を謝する。

三

汽笛一声動き出したから、始めた。

二人並びの狭い座席に、二人で並び、だから弁当を置く場所がないので、膝《ひざ》の上に置き分けた。魔法罎は背中寄りの所へ置き、一一《いちいち》手を伸ばして引き寄せて注いだ。うしろの窓のカアテンは揚げておいたけれど、外が暗くはあるし、お月様は見えず、何しろ真後《まうしろ》なので振り向かなければ何も見えないから、外を見る事はあきらめた。目の前の、通路を隔てた洗面室の緑色のカアテンが、あまり暑いのでそこの窓を一寸許《ちょっとばか》り開けた隙間《すきま》から吹き込む風にあおられて、ひらひらするのを眺めながら、献酬する。酒の肴は、鶉《うずら》の卵のゆで玉子、たこの子、独活《うど》とさやえん豆のマヨネーズあえ、鶏《とり》団子、玉子焼、平目のつけ焼と同じく煮《に》〆《しめ》等である。

「山系君、面白いねえ」

「何がです」

「汽車が走って行くじゃないか」
「そりゃそうです」
「だから面白いだろう」
「なぜです」
「なぜと云う事もないが、矢っ張り走って行くぜ」
「そのお猪口《ちょこ》でいいですか」
「少しこぼれそうだな、揺れるから」
「こっちのと代えましょう」
「それは大き過ぎる」
「一ぱいじゃなく注ぎましょう」
「貴君《きくん》は知らん顔しているけれど」
「何です」
「貴君《きくん》は寝言を云う」
「僕がですか」
「飛んでもない大きな声で、僕は胆をつぶした」
「いつです」
「こないだだよ」

「うそでしょう。僕は何も云った覚えはありません」

「新潟の宿で、僕がまだ起きていたら、隣りの部屋から襖《ふすま》越しに大きな声をするから」

「何と云《い》いました」

「寝言を云ったと云う事を話しているので、寝言の内容は問題じゃない」

「そりゃ、うそです」

「それで隣室から僕に何か云ってるのかと思ったから、返事しようかと思ったが、待て暫《しば》し」

「本当ですか」

「人の寝言に返事をしてはいけない、受け答えをするものではないと云う事を、貴君《きくん》は知っているか」

「知りません」

「よく心得ておきなさい。こっちが受ければ、いくらでも後を云うものだ」

「そうですか」

「そんな罪な事をしてはいけない。するものではない。だから僕は黙っていた」

「そうしたら、どうしました」

「そうしたら黙ってしまった」

「うそでしょう。うそですね」

「本当だよ、貴君《きくん》。しかし何を云ったかは解《わか》らない」

「僕は何も云いませんもの」

「云いましたとも。大いに論ずる様な口調で、憤慨してたね」

「どうも、うそだ」

「云ってる言葉は判然しなくても、その総和としての口調と云うものがある。貴君《きくん》が社会だか人類だかに対して、腹を立てていた事を諒解《りようかい》したよ、僕は」

「そんな事はありません。僕は寝言なぞ云った事はない筈《はず》です」

「なぜ」

「云わない筈です」

「どうして」

「云う筈がないのです」

「それでは、云わないと云う証憑《しようひよう》にならない。寝言を云わざれども、寝言を聞かせる廉《かど》に依《よ》り」

「何です」

「幼年学校の生徒が、便所に這入って煙草を吸ったのだ。幼年学校は喫煙厳禁なのだよ。最後の一口を吸って、吸い殻を壺《つぼ》に捨てて、戸を開けて出て来た出合頭《であいがしら》に、週番士官が通り掛かったから敬礼したら、口から少し煙が出た。煙が口の中に残っていたんだろう。

お前は煙草を吸ったかと週番士官が云う。もう吸い殻は捨ててあるから、いえ、煙草は吸いませんと云った。週番士官が行ってしまって、後で呼び出された。喫煙セサレトモ、口ヨリ煙ヲ吐キタル廉ニ依リ、重営倉五日ニ処ス。そう云う話なんだ。気をつけろ、貴《き》君《くん》」

「どうするのです」

「今夜、上段の寝台から何か云うと、人がびっくりするから」

「云いませんよ。それに、音がしているから大丈夫です」

「少し、云うかも知れない様な気がして来たらしいね」

「うそです、そんな事は。僕は今までに寝言を云った覚えはありません」

二本の魔法罎《びん》が目出度く空になった。別に後口に持って来た麦酒《ビール》も飲んでしまった。少し足りない。しかし次の停車駅でお酒を買えと云うのも面倒臭い。第一、ボイはここを明け渡してどこかへ立ち退《の》き、さっきからちっとも顔を見せないから、どこにいるか解らない。

もうよそうよ、と云った。それで納杯《のうはい》にしたと云っても、一粒一滴なくなっているのだから、片づけるより外に、する事はない。そこいらを綺麗《きれい》にして、空いた物を始末して、寝台へ引き上げた。さあ寝ようと思う。明日は朝が早い。八時六分に横手へ著《つ》く。飛んでもない時間で、迷惑この上もないが、途中脱線でもしない限り、走って行って著くものは仕方がない。その前に起きるより外に方法はない。山系は天井裏のどぶ鼠《ねずみ》となる可《べ》く、梯子《はしご》を攀《よ》じてごそごそと上がって行った。

四

まだ寝つかない内に、どこかの駅に著いた。紅毛人が三人、無遠慮な大きな声で南蛮鴃舌《なんばんげきぜつ》を弄《ろう》しながら、深夜の車中に足音を立てて這入《はい》って来た。

二人は下段に寝た様である。上段に上がった一人はいつ迄《まで》も寝ないらしい。大きな声で上から下のカアテンの中の相棒に話し掛ける。うるさくて仕様がないから、カアテンを寄せて覗《のぞ》いて見たら、一ぱいに開けひろげた寝床の上で、寝台燈《バアスランプ》を煌煌《こうこう》とともした儘《まま》、毛の生えた太い裸脚《はだかあし》を、にゅっと横たえ、股《また》のあたりを撫《な》でて、何かわめいている。

大分経《た》ってから、やっと静かになった。もう寝たのだろう。この汽車は大変揺れる。特に通過する駅の前後がひどい様である。転轍《てんてつ》の所為《せい》ではない。その前後の線路だと思う。眠くなったけれど、よく眠れない。しかしねむたい。寝たかと思うと目がさめる。寝台が揺れて、物音がする。勘違いして地震かと思ったわけではないが、びっくりする。そうして目がさめる。さっきの上段の紅毛人の見当で、二言三言、大きな声がした。今度は寝言だろう。起きていた時から、何を云ってるのか解らなかったが、唐人の寝言ではますます解るわけがない。

夢うつつの間に、随分長いトンネルがある様に思った。福島米沢間の勾配《こうばい》は電気機関車で越したのだそうだが、そのつけ換えの時ちっとも知らなかった。よく寝られないと思いながら、よく寝ていたのだろう。

新庄、院内の間で目がさめた。新庄は六時半、院内は七時半である。もう寝なおすわけに行かない。横手が近い。その覚悟で起きなおり、窓のカアテンを引いたら、外は野も山も深い白雪におおわれて、黒い物は立ち樹《き》の幹ばかりである。こないだの新潟の途中の景色と変らない。東京のこの頃の春暖から考えて、不思議な気持がする。雪にしろ、矢張り、ある所にはあるものだと感心する。

雪をかぶっていても、遠くから見る山の姿は見覚えた儘であって、そうだろうと思ったら曾遊《そうゆう》の横手に著いた。

この前の時懇意になった駅長さんがホームに出ている。阿房列車は行く先先に予告する事を成《な》る可《べ》く避けて、人に待たれないのを立て前にしているが、今度は違う。自ら選んで同じ所へ二度来たのだから、知り合いもあるし、宿屋も馴染《なじ》みである。それを避けて別の所へ、知らん顔をして泊まるなぞ余計な気苦労をする程の事もない。だから、どうせその積りで来るのだから、立つ前に知らしておいた。

「鳥海」の横手駅の停車時間は八分である。乗客が大勢降りてきて、一昨年《おととし》の秋私共が蕎麦《そば》の起《た》ち食いをした売店の廻りに人垣をつくり、丼《どんぶり》を片手に持って蕎麦のかけを食べている。横目で見ながら駅長さんと並んで通り過ぎる時、蕎麦の上に卵を掛けたのが目についた。朝の光りで、上に丸く乗った、まだ潰《つぶ》さない黄身《きみ》がきらきらと光った様だった。

秋田の管理局から、若い職員が二人、わざわざ横手まで来て、出迎えてくれた。両君とも秋田の秋雷の宿で、歌を歌って女中に叱《しか》られた時以来の旧知である。上段の天井裏から降りて来た山系は、寝不足でもなさそうな顔をして、専《もっぱ》らその二人に構っている。

横手には岡本新内と云う名物がある。今度はそれを私に見せようと云うので、立つ前からその打合せはあった。その事に就き、私共をよんでくれようと云う人の使が矢張り駅に来ている。近づいて来て挨拶《あいさつ》して何か云うのだが、どうもよく解らない。寝不足ではあるし、先方に悪いけれど、いくらか、むしゃくしゃする。その使者は又山系君をつかまえて、何か弁じている。山系が私の傍に来て、その旨《むね》を伝える。岡本新内を今晩見せようと云うのである。見るのか、聴くのか、そこはよく解らない。新内の地《じ》で踊る新内踊だそうで、その語り手が有名なのだから、寧《むし》ろ聴く方が主なのかも知れない。

しかし今晩は私の方の予定で、秋田管理局の今朝来てくれた二人と、外にもう一人、〆《しめ》て三君をよぶ事にしている。駅長さんにも同座を願ってある。だから駄目だと云うと、新内の側の都合は、明日では繰り合わせがつかない。今晩でなければ困る事情だから、是非そうしてくれと云う。

寝が足りないので、暫らくむっとしていたが、思い返して見る迄もなく、抑《そもそ》も先方の好意の申入れである。釈然として今晩のお招きに応ずる事にした。私の予定は、まだそこにいる秋田の両君に打ち合わせて、明日の晩に延ばした。使の人がほっとした面持ちで、非常に喜んだから、済まなかったと思う。これ皆、寝不足のなせるわざであって、その寝不足の原因は、横手著《ちゃく》の時間が早過ぎるのが第一、それから夜半の紅毛人の無作法と、寝台が馬鹿《ばか》に揺れたのと、しかしみんな横手の岡本新内とは関係がない。

一昨年《おととし》の秋泊まった宿へ自動車で行く途中の往来の雪は、新潟の比ではなかった。積もった雪で道が高くなっている。だから両側の店屋は低い所にある。自動車の窓から店の中を見下ろす様な工合である。しかしそれでも已《すで》に雪解けの季節になっているので、自動車は通る。橇《そり》に乗って行くのかと思ったが、そうではなかった。

宿屋に著いて、この前の時と同じ座敷に通された。この前は秋田から来て、宿に落ちつく前に、岐線の横黒《おうこく》線に乗り換え、雨中の紅葉を見て来た。それで宿屋へ著いた時はもう暗くなっていたが、今日は朝であり、お天気は好《よ》く、障子に朝日が射《さ》している。座敷の中が、けばけばしく明かるい。楣間《びかん》に掲げた木堂《ぼくどう》の扁額《へんがく》もこの前の儘で、その他、座敷の隅隅に馴染みが残っているが、この前の時より、座敷全体が何となく草臥《くたび》れている。夜暗くなってから初めて通された時の記憶と、朝っぱら寝不足の目に朝日を受けて見た感じとは違うのが当り前で、それに座敷も一年半たてば、それだけ歳《とし》を取っているだろう。

障子の外は雄物《おもの》川の上流であって、その川音が聞こえる。一昨年《おととし》の秋は水が少く、せせらぎを聞いたが、今は雪解けの水を混混と湛《たた》えて、両岸の雪を浸しながら流れている。雄物川の上流と云っても、この横手の川が流れて行って雄物川に這入るので、本流ではないと云う事を今度教わった。それ迄のこの辺りの川の名は旭《あさひ》川と云うそうである。

今は旧暦の小正月で、昨夜は満月の正月十五夜であった。横手に「かまくら」と云う行事があって、その話はこの前来た時にも聞いたが、今、駅から来る途中、道ばたで幾つも見た。雪で造った小さな雪の家で、旧正月十五日の晩に、子供がその中へ這入って水神様のお祭をする。雪のほら穴の中で蠟燭《ろうそく》の燈をともし、蜜柑《みかん》や林檎《りんご》やお菓子を列《なら》べ、甘酒を沸かし、藁《わら》のむしろを敷いた上に坐《すわ》って遊ぶのだそうで、寒いだろうと思うけれど雪の家の中は暖かいと云う。子供は自分のかまくらを出て、よそのかまくらを訪問し、そこの水神様にお供物をする。横手の市中のかまくらの数は三千に及ぶと云う話である。その行事が昨夜済みました、惜しい事でしたと宿の者が云った。昨夜のその行事が終り、子供達が寝た後で、遅くなってから雪の上に大雨《おおあめ》が降ったそうである。

五

どてらに著《き》かえて、炉の前に坐った。

山系君が顔を洗いに行った。まわりが、しんとする。薄日がさしている障子の外で、雪の解ける雫《しずく》の音がする。時時川波の音が高くなったり、又聞こえなくなったりする。

女中が走って来て、梵天《ぼんてん》が来たと知らせる。土地の音《おん》では、「ぼんでん」と云うらしい。かまくらと共に横手の名物だそうで、棒の先にいろんな物を飾りつけたのを振り立てて、旧正月の十七日に近郊の神様へ納める。それが何十組もあって賑《にぎ》やかなお祭だと云う。私にはよく呑み込めないけれど、振り立てて行く棒は、陽物に象《かたど》ったのだろうと云う話である。正月十七日は明日であるが、その前日、市中の主だった家に練り込み、一軒一軒祝って廻る御祝儀《ごしゆうぎ》の、そのぼんでんが来たと云うから、炉の傍に根が生えた重たい尻《しり》を上げ、廊下を伝って玄関へ出て見た。

もう帰りかけていたらしいが、奥から私が出て行ったのを見て引き返し、がやがや何を云っているのかちっとも解らないけれど、その中の一人が一杯機嫌で歌い、一升罎《びん》を抱えた男が、つかつかと沓脱《くつぬぎ》の石の上に上がって来て、片手に持った猪口《ちよこ》を私に差し出した。

それを受けると、一升罎から上手に冷酒を注いでくれた。何と云っていいのか解らないから、兎《と》に角《かく》、お目出度うと云って、飲み干して杯を返した。もう一杯飲めと云うから、もういらないとことわった。戸口の外に立てた棒を、火消が纏《まとい》を揉《も》む様に振って、帰って行った。総勢十五六人もいた様である。

「梵天は子供ではないのだね」と私が云ったが、だれも返事をしない。うしろ横にだれか起っていると思ってそう云ったけれど、黙っているから振り向いて見たら、そこの板壁に帚《ほうき》がぶら下がっていた。

座敷に戻って、又炉の前に坐った。山系君も座に返っている。

女中がやって来て、「先生はそうやって、これから夕方まで、山系様と黙って坐っているのかね」と云う。

この前来た時と同じ女中だから、山系君とも馴染みである。

「山系様はこの前来た時よりふけたにゃあ」と云った。

頻《しき》りに鳶《とび》が啼《な》いてる。

今も梵天を見て帰る時、廊下の硝子《ガラス》戸越しに中庭の雪をつくづく眺めたが、この前の時に見た池のあった辺りに、丈余の雪が積もっている。丈余の雪と思ったけれど、そのつもりで計って見ると、一丈どころではない。二丈に近い高さである。それだけの雪が空からばかり降ったのではなく、庭を取り巻いた四方の屋根に積もっている雪が落ちて来て、或《あるい》は重たくなるから落としたのが、そこへ降った雪と重なって、その高さになったのだろう。半年は庭の土肌を見る事もあるまい。

昨夜寝て来た寝台が、馬鹿に揺れた事を思い出す。線路が悪いからだと云う事はすぐに見当がつくが、その線路は、昨夜通った辺りでは、半年近く雪におおわれている。よく車窓から見受ける線路工夫の、線路たたきの作業が雪のある期間出来ないとすれば、東海道線や山陽線とは条件が違う。速く走れば少少ぐらぐらするのは止《や》むを得ない。

夜通しゆすぶられて来た所為《せい》でねむたい。昼寝をしようかと思う。年来昼寝と云うものをした事がないから、寝るのが億劫《おっくう》であり、起きた時の寝起きの気分もどうだか解《わか》らない。炉の前に坐って、よそうか寝ようかと大分考えた挙げ句、寝る事にした。

本式に寝床を敷いて貰《もら》って、横になった。まだ寝入らない内に、何遍でも梵天が来た。法螺《ほら》の貝を吹き鳴らす。子供の時、山伏が吹くのを聞いた記憶がある。それ以来あの音を思い出した事はない。玄関の外で吹いているのだろうと思う。遠くで鳴っている法螺貝の音が、こっちの耳へ抜ける様な気がしている内に、眠ってしまった。

どの位寝たかわからないが、さっぱりした気持で目がさめた。寝起きが悪くはない。もう障子に日は射《さ》していないけれど、硝子戸越しに見る遠い日向《ひなた》が暖かそうで、軒に近くぽたぽたと雪の解ける音が続いている。

私の起きた気配がしたと見えて、どこにいたのか知らないが、山系君が這入って来た。何となく晴れ晴れした顔をしている。

「鳥海山を見て来ました」

「どこで」

山系は立つ前に、時計をいじりそこねて、龍首《りゅうず》の所が変な工合になったと云《い》っていた。

私が昼寝をしたから、彼は出て行って、宿の前側に時計屋があったそうで、そこで直して貰って、それからつい先の角を曲がると橋があって、そこへ出て見たら、旭川の上手《かみて》に鳥海山があったと云う。

「そこから鳥海山を眺めたのです」

「どんな山」

「群峯《ぐんぽう》の中に聳《そび》えて、いい山です。行って御覧なさい」

「僕がかい」

「行きませんか」

「まあいい」

起きたから、顔を洗おうと思う。山系君にそう云うと、すぐに中腰になって、女中にお湯を取らせると云う。今頃《ま》顔を洗うのは時間外れだから、洗面所にお湯はないだろう。しかし、事に当たっては先ず黙っていなければいけない。宿屋に来て、思った事を口に出すと、忽《たちま》ち機先を制せられて、早く顔を洗わなければならない羽目になる。せっかくれた挙げ句、だれの顔だかわからない様な事になる。僕は顔を洗おうと思っているけど、今はそう思っているだけなのだから、黙っていなさい。女中には内所だと云った。

鳥海山だって、見たくない事はないが、矢っ張りだまっていた方がいい。

六

夕方自動車の迎えを受けて、舞台のある料理屋へ出掛けた。

狭い道の両側に、梵天の棒が林立している。橋の袂《たもと》で自動車を降りた。山系君が鳥海山を見た橋ではなく、そのもう一つ下流の橋である。

料理屋はすぐその先なのだが、そこ迄《まで》自動車が行かないのは、両側に積み上げた雪が道を狭くしているので、その間に這入《はい》ると、方向をかえて後へ戻る事が出来ないからだそうで、だから橋の袂で降りて、山系君と歩いた。

この辺《あた》りは余程雪が深い。往来から店屋へ這入って行くには、雪の段段を二三段降りなければならない様になっている。

大きな構えの料理屋で、その二階の奥座敷の広間に通された。私共を招待してくれた今夜の主人と、駅へ使に来てくれた人とが待っていた。駅長さんが来て、横手の有力家の紳士も同席して、お膳《ぜん》が出た。そうしてお酒を飲んだ。

仲居がそこに坐って、お酌をする。二つ三つ注いだかと思うと、もう袂から煙草《たばこ》を取り出して、吸い始めた。そうしてすぱすぱ煙を吹いて止めない。杯が空いたと思うと、片手に火のついた煙草を持ったなり、あいた片手でお酌をする。そう云う事がきらいだから、大分癪《しゃく》にさわったけれど、よばれて来たお客様なので黙っていた。

お酒が廻って、話しがはずんで来た。しかし皆さんの云っている事がちっとも解らない。聞き馴《な》れないから、あっけに取られた気持である。中国地方は私の郷里に近いから云う迄もないが、九州に這入り、鹿児島まで行っても、何を云っているか解らないと云う事はない。解らない言葉は解らないが、解らない事を云っていると云う事が解る。その言葉を聞き取る事は出来る。今夜の皆さんのお話しは、字に書けば解る事を解らなく云っているのか、楷書《かいしょ》で書いても解らない事を云っているか、その区別が判然しない。そうしてひどく饒舌《じょうぜつ》に聞こえる。お酒が廻っている所為《せい》か、いつもそうなのか、それも見当がつかない。

隣りに坐っている山系君が、頻りに手洗いに立つ。あんまりちょいちょい行くので、おかしいなと思う。外《ほか》の人に聞こえない様に、小さな声で、どうしたのだと尋ねると、はあと云う。

後で聞いた話では、膝《ひざ》のお皿が痛くて、坐っていられなかったのだそうで、きっと雪の中へ来たから、古疵《きず》が痛んだのだろう。先年人の喧嘩《けんか》を仲裁しようと思ったら、はね飛ばされて防空壕《ごう》の中へ落ち込み、膝小僧を痛めたと云う話は、大分前に聞いた事がある。

だからそうして度度お酒の座を起《た》っても、その度に手洗いに這入って来たわけではない。廊下で膝頭を撫《な》でては、又帰って来たのである。膝頭を撫で撫で、硝子戸越しに向うを眺めると、川が流れて橋があって、いい景色だから、先生も起って行って見ろと云う。

その内に起ったので、外を眺めた。正月十六夜《いざよい》なので、方角の都合か月は見えないが、空が明かるい。空の明かりを受けた川岸の雪が、綺麗《きれい》な白い色でずっと遠くまで続いている中を、暗い水が微《かす》かに聞こえる程の波音を立てて流れている。下流の遠い向うに橋があって、橋の上のあかりが一つだけ、きらきら光る。燈影《ほかげ》が暗い川波に踊り、橋の両岸の雪もその辺りは少し明かるい。

舞台の準備が出来たと知らせて来たので、お膳もその儘《まま》にして、みんなでその座を起った。廊下伝いに案内された座敷は、よく解らないが、百畳敷より広いかも知れない。向うに舞台があって、山台の上に三味線を抱えた老妓《ろうぎ》が坐っている。撥《ばち》を当てたかと思うと、両翼から美人が走り出し、二人で手振りを揃《そろ》えて踊り出した。

新内と云うものを余り知らないし、滅多に聴く折もないのでよく解らないが、又踊は一層解りにくいが、音締《ねじ》めのいい三味線と渋味の勝った唄《うた》を聴き、目で美しいまぼろしの様な影を追っていると、矢張り恍惚《こうこつ》とする。二節目に、せめて雀《すずめ》の片羽根も、翼があるならこの様に、泣いてこがれはせぬものを、焼野のきぎす夜の鶴《つる》、と歌った時、踊の二人の姿が、ありありと鶴の姿に見えたと思って、はっとした。息を吞む様な気持がした。

唄や三味線や踊はよく解らないにしても、その芸全体の味と気品は解る。山系君の寝言が、一言一言は何を云っているか解らないなりに忿懣《ふんまん》の情を聞き取る事が出来たのと同じ事であろう。

又もとの座敷へ帰り、お膳の前に戻った。老妓だかお師匠さんだか知らないが、新内を語った婦人と、踊った美人の芸妓が二人、その席に出て、仲居に代ってお酌をした。お銚子を持って、前かがみになった芸妓の頭に、備前岡山、木屋の丁字香の匂《にお》いがする。

私の方で驚いて、その頭は木屋の丁字香だろう。奥州《おうしゅう》横手で丁字香を嗅《か》ぐとは思わなかったと云うと、向うも驚き、どうして知っているかと云う。

木屋は岡山の京橋の近くにある旧家で、昔、抜き身をさげた侍が切り込み、家の中であばれて中庭へ出た途端に石燈籠《いしどうろう》を突き倒したら、石の中から真白い小犬が何匹でも後から後から出て来て、侍が立ち竦《すく》んだと云う話をして聞かせた。

それはどう云う話だと聞くから、それ程の旧家なのだよと云う事にした。

初めの内はお師匠さんと呼んでいたが、その内に師匠と呼び捨て、次に婆《ばばあ》と云い、仕舞には糞婆《くそ》になった。糞婆曰《いわ》く、それそれ、お前さん達、御覧よ、そら先生はそろそろ御機嫌なんだよ。ああして顎《あご》の所へお手をあげて、あすこを押さえて、ほら、全くその通り、と云った。

ほんとに、御機嫌なのね、と芸妓が云った。

私には何の事か解らない。後になっても解らない。そう云えば、手を顎の辺りへ当てる事はあるらしいが、癖と云う程の事でもなかろう。それよりも初めて会った彼女達に、なぜそう云う予備知識の様なものがあって、それで以《も》って人の動作を観察したか、今考えて見ても解らない。

宿へ帰る道は、生れて初めて橇《そり》に乗った。箱橇と云うのだそうで、箱の様な物の中にしゃがみ、すぐに動き出したと思ったら、後から人が押している。雪の上を軽軽と辷《すべ》って行く。山系君の橇も私の後から来た。橇と一緒に歩いて来た今夜の御主人と夫人を、宿の私の座敷に請《しょう》じて軽く一献した。

七

例の通り遅く起きて、ぼんやりしていると、硝子《ガラス》戸の外で音がした。猫が戸袋の上に上がったかと思ったら、氷柱《つらら》が落ちたのであった。横手の氷柱も、新潟へ行く時見た小《こ》出《いで》駅の氷柱と同じく、飛んでもなく長くて太い。

お午《ひる》まえはお天気であったが、午後は雨になった。いつの間に降り出したのか、川の水音と、雪解けの雫《しずく》の音でわからなかった。空がかぶって来ても、雪があるから辺りが白けているので、暗くならないから、なお解らない。

炉の前に火鉢を抱え、脇息《きようそく》に肱《ひじ》をついて、茫然《ぼうぜん》自失している。お茶をいれに来た女中をつかまえて、山系君が云った。「鳥海山を見て来た」「いつ」「昨日だ」「昨日はお天気がよかったから、見えたでしょ」「よく見えた」「きれいでしょ」「いい山だね」「真白いでしょ」「うん、そうでもない」「白いわよ」「まだらだった」「どこで見たの、山系様は」「橋の向うの遠くにあった」「そんならそうだろ」「そうだよ」「真白だわ」「まだらだ」

女中が行った後、お茶ばかりがぶがぶ二三杯飲んだ。所在がないので、山系と二人して昨夜帰って来てから飲み直した時の、お膳の上にあった物を思い出そうとするが、何を食べたのか、両方の記憶を合わしても、丸でわからない。

「我我の人生は曖昧《あいまい》なものだね」

「そうでもありません」

「そんなに廻っていたか知ら」

「橇に乗ったからでしょう」

「橇で酔うものか」

「あっ、一つ思い出した。鰡《ぼら》のお刺身がありましたね。うまいうまいと云って、先生は僕の分まで食べてしまった」

「そう云う事は、思い出さなくてもいい」

「先生が食べたのです。僕のお膳のを取って」

夕方を待っていたら、ひとり手に暗くなって、秋田の管理局の三君がやって来た。駅長さんも来た。さあ、始めよう。

山系君は急に勢を得て、大いに皆さんをもてなす。小説を論じ、詩を論じ、口を尖《とが》らして弁駁《べんばく》する。尖った儘で杯を銜《ふく》み、又話しがもとへ戻る。

面白いから聞いているわけではないが、面白くないと云うのでもない。こちらの魂も抜け出して、お膳の上や杯の間を、ふわりふわりと浮動している様な気がしていたら、不意に背中の真中辺りがかゆくなった。

手を廻しても届かない。

「弱ったな」

「どうしました」

「背中が痒《かゆ》い」

「棒を持って来ましょうか」

「棒では間に合わない。ねえ山系君、我我は随分気を配って旅支度をととのえたつもりだったが、まごの手を持って来るのを忘れた。しまった」

丁度その時、ここへ顔を出した宿の主人が、

「まごの手なら、帳場に御座います。今持って来させましょう」と云った。

大いによろこんで、流石《さすが》は横手の耆宿《きしゆく》だと云ったが、そんな宿があるものではない。だれにも解らなかったから、いい工合にほっておいて、背中の痒い所が、まごの手の来るまで動かない様に、ひろがらない様に、丹田《たんでん》に力を入れて待った。

女中が来て、主人に何か云う。手に何も持っていない。主人が気の毒そうな顔をして、「あったのですけれど、ある筈《はず》なのですけれど、いくら探しても見つからないそうです」と云った。

それを聞いたら、さっきの倍の倍も痒くなった。もう我慢が出来ない。どうしたらいいだろう。背中の真中に渦巻が出来て、ぐるぐる廻りながら、そこいらをくすぐる。

「駄目だ。もう到底駄目だ」

管理局の若いのが気の毒がって、搔《か》いて上げますと云い、すぐに手を突っ込んだ。宿屋のどてらだから、彼の手はらくに這入る。そこそこ、いやもっと奥の所と註文《ちゆうもん》を出した。みんな杯の手を休めて、うまくそこへ行ったか知らと云う顔をして、見つめた。

八

翌《あ》くる日も、初めの内は暖かい、いいお天気だった。今日で横手が三日目である。三日いる内に、庭の雪が目に見えて低くなった。もう帰ろうと思う。

午後早目に宿を立った。帰りの汽車も「鳥海」の上りで、横手駅の発は夕方の六時二十分である。大分時間があるから、その間に岐線の横黒線《おうこく》へ這入《はい》って見ようと思う。横黒線はこの前来た時、大雨の中の紅葉を見に行ったが、今度は雪見である。沿線の黒沢駅辺りでは、一番降った時は三米《メートル》以上の積雪だったそうである。今はいくらか低くなっているか知れないが、ここ迄来た序《ついで》に、その雪景色を眺めて来よう。

それで早目に宿を出た。その時分に、又雲がかぶさって来て、雨が降り出した。山系君は雨男で、彼と一緒に行けば、どこでも雨が降り出す。今までの阿房《あほう》列車は、殆《ほと》んど皆雨中列車であった。

山系君が鳥海山、鳥海山と云《い》うのを、いい加減に聞いている様な顔をしたけれど、実は私も見て帰りたい。宿からわざわざ出掛けて行くのは億劫《おっくう》だが、今こうして、自動車に乗り、駅へ行く途中に眺められるなら好都合である。宿を出る時、その事を話すと、鳥海山を見るにはこの川のもう一つ下手《しもて》の橋がいいから、自動車をそちらへ廻る様に申しましょうと宿の者が云った。

雪の往来に降りそそぐ細雨の中を、自動車がそっちの方へ走って行った。一つ下手《しもて》の橋と云うのは、一昨日《おととい》の晩岡本新内の時に、その袂《たもと》の所で降りた橋である。その手前まで来た時、運転手がどこへいらっしゃるのかと云う。山系君が鳥海山を見に行くのだと云うと、それは駄目です、雨の日は見えませんと云った。

それではその橋まで行っても仕様がない。引き返してすぐに駅へ出ようと云った。狭い往来で自動車の方向を変え、また宿の前を通って走って行った。運転手が、走りながら、鳥海山は今日は見えないけれど、いつもならあの橋からよく眺められる。あの橋からでなければ見えないと云った。

そう云ったので、山系君が口を出した。

「そうかい。そんな事はないだろう。僕はあの上手《かみて》の宿のすぐ傍の橋から見たよ」「それは違うでしょう。見える筈がありません」「上流の遠くにある山だろう」「違います。橋の下流の真正面に見えるのです」

山系君にそそのかされて、見に行かなくてよかったと思った。

横黒線の三等車に乗って発車を待っていると、駅長や助役が窓の外に、見送りの姿勢で起った。どうも物物しくて困るが、止《や》むを得ない。別の駅員が車内へ這入って来て、私に挨拶《あいさつ》して、隣りにいる山系君に、あっちへ行けと云う様な事を云う。山系君はお見知りおかれていないのだろう。道連れだからいいのだと云って、彼の危急を救った。

「そうら御覧、どぶ鼠《ねずみ》だからさ」

「そうでもありません」

発車をするとじきに山の間へ這入った。積もった雪の上に暗い雨が降っている。山の一昨年《おととし》の秋、一度往《い》って返っただけの沿線の景色にすっかり馴染《なじ》みが残っている。山のたたずまい、川の曲がり工合、一ぺん見ただけの所がこんなに記憶に残るものかと、不思議な気持がする。年が経《た》てば、こう云うのが夢の中の景色になって、追っ掛けられると、この山のうしろへ逃げ込んだりするのだろう。今、うつつに見ている窓外の山の姿も、そう云えば夢の中の景色の様な気がしない事もない。

黒沢近くの雪は三米《メートル》、一丈と云う程の事はなかったが、随分深い。駅に這入って停まったら今までの雨が霰《あられ》になって、歩廊の踏みつけた雪の上に、小さな綺麗《きれい》な玉が、ころころ転がった。

横黒線の終著《しゅうちゃく》駅は黒沢尻《くろさわしり》である。この前の時もそこ迄《まで》は行かずに、途中の大荒沢で降りて引き返したが、今度もそうしようと思う。雪のちらついている大荒沢で下車し、帰りの汽車が来る迄、駅長事務室で時間をつぶした。今年の冬の雪の晩、横手を出た汽車がここまでやっと辿《たど》り著いたが、構内に這入ってからひどい吹雪で動けなくなり、立ち往生した。大荒沢には宿屋が一軒もないので、乗客はみんな車内で、雪に包まれて夜明かしをしたと云う話を駅長さんがしてくれた。

「そう云うのは、駅の事故にはならないのでしょうね」と山系君が本職らしい事を聞いた。

横手へ帰る途中は吹雪になった。一たん雪の落ちている樹冠に、吹きつけるらしい雪がたまり、目がさめる様に白くなっている。

九

夕六時二十分、四〇二列車、急行「鳥海」が横手駅を発車した。

山系君が、「おや」と驚いた。「方向が反対です」

しかし鳥海山でしくじっているから、そう云ったきりで黙った。

車窓の外はもう夜である。沿線の暗い雑木林の頂を越して、きらきら光る赤い火の子が雪の上に落ちる。

さて、今晩もこれから車中で夕食をする。宿屋で御馳走《ごちそう》の折詰をこしらえて貰《もら》った。二本の魔法罎《びん》にも熱いのが這入っている。

寝台車の寝台使用時間は、晩の九時から朝八時までとなっている筈だが、まだ六時過ぎなのに、もう寝台が下ろしてあった。しかし乗ってから、ばたばたやられるのも難有《ありがた》くない。こうなっている方がいいとは思うけれど、一献の場所をどこにしようかと迷う。来る時の様に、喫煙所を使うのは、今日はまだ時間が早いから、適当でない。山系君と合議の上、思い切って寝台の中を実行の場所にする事にきめた。

今度は二人共下段で、通路を隔てた向かい合わせになっているから都合がいい。どちらの上段にも、まだお客は這入っていない。今の内、今の内と云った。

しかし人が通るから、カアテンを半分引いた。その陰になった所へどぶ鼠が這い込み、要領よく御馳走を列《なら》べ、魔法罎と杯を配置した。

枕許《まくらもと》の寝台燈《バアスランプ》の横に、英語が書いてある。No smoking in bed. お酒を飲むな、と書いてはない。いけないと云った事の外《ほか》は、何をしてもいけなくはないと云う、そんな理窟《りくつ》はないが、兎に角《かく》、さあ始めよう。

カアテンの陰でこそこそやり、人が通る時は手を休めて知らん顔をする。行ってしまえば又杯を持つ。泥坊の酒盛りの様で、中中面白い。

「しかし貴君《きくん》、人が通る時澄ましていても、においがするだろう」

「構うもんですか」

「いいにおいだからな」

大体済む前になって、煙草《たばこ》が吸いたくなった。しかし、No smoking in bed. しかし吸いたい。この英語はどう云う意味だろうと考えて見る。

「貴君《きくん》、この英語を訳して見たまえ」

「ベッドで煙草を吸っちゃ、いけないと云うのでしょう」

「違う。そうじゃないだろう」

山系君に講義した要領は、僕は語学教師の出身だから、英語の事はよく知らないけど、まあ同じ判断が通用するとして考えて見るに、in bed には冠詞がない。ベッドと云う実体を指してはいない。慣用の成語だろうと思う。ベッドで煙草を吸ってはいかん、と云うのではない。寝ていて煙草を吸ってはいかん、と云うのだろうと解釈する。我我は寝ていない。寝台の上に起きている。抑《そもそ》もこの寝台はベッドではない。汽車の寝台、船の寝台はバアス berth である。この掲示の bed と云う字は、berth の間違いだと云うのではない。これでいいので、熟語風に読んで、寝ていてとか、寝たままでとか解釈する。貴君の訳は間違っている。さあ一服しよう。

来る時は晩の九時半の発車で、横手へ朝の八時に著《つ》いて閉口したが、今夜は横手を六時半より前に出たのだから、明日の朝上野に著くのは、もっと早い。昧爽《まいそう》六時半である。止《や》んぬる哉《かな》。夜半を過ぎたら、もう寝てはいられない。

どこだか解《わか》らない所で目がさめた。in bed で、寝たなりで、窓のカアテンを引き寄せて見たら、向うの遠い空の下の端が、灰色になりかけている。もう駄目だと思って、半身起き直った。そうして煙草を吸って、本式に目をさました。

矢っ張り夜明けだったので、段段に灰色が褪《あ》せて、地平線から赤い大きな朝暾《ちょうとん》が昇って来た。私に取っては、実に驚天動地の椿事《ちんじ》である。ああして、いろいろの事のある一日が始まるのかと、呆気《あっけ》に取られて、眺めた。

向う側の寝床に山系がいつ迄も寝ているのは業腹《ごうはら》だから、起こしてやった。

日の出をおがみなさいと云ったら、曖昧《あいまい》な返事をして起き出した。

「どこです、どこです」と云う。

山系側の窓のカアテンを引いたら、正面に真白い富士山が映った。西の空にはまだ夜の尻尾《しっぽ》の様な朦朧《もうろう》とした暗さが残っている。その薄闇《うすやみ》を裂く様に、白い富士山が聳《そび》えて、東天の旭日《きょくじつ》と向かい合った景色を、自分の方の窓と、山系君の窓と、代る代る見て見返って、一日の朝は、こうしたものなのかと考え直した。

朝の富士山は、白くて美しいばかりでなく、飛んでもなく大きな物だと云う事を思った。

段段に東京に近づき、朝の営みの町や村に、長い白煙の尾を投げながら、走り続けた。そうして、まだホームの屋根の下かげに、夜の色が残っている上野に著いた。

降りて改札へ行くホームの途中で、今までこの列車を牽《ひ》いて走った機関車を見た。C629である。私はまだこう云う機関車を知らなかった。後で教わったところでは、白河機関庫に属するCの最新式の型だそうで、福島からつけたか、白河で取りかえたか知らなかったが、快晴の朝の平野に壮大な白煙の帯を棚引かせたのは、この短かい煙筒であった。

山系君と一緒に家に帰った。彼は一服して、私の所で朝御飯を食べてから、役所へ出ると云う。それにしても、まだ早過ぎる様な時間である。私はくつろぐつもりで、洋服を脱ぎ、襯衣《シャツ》を脱いだ。襯衣の胴中が、鼻の先をこすった時、かすかに煤煙《ばいえん》のにおいがした。

お疲れ様、「出雲《いずも》」。お疲れ様、餘部《あまるべ》鉄橋

酒井順子

早起きが苦手な私にとって、ブルートレインの発車時刻というものは、誠に有り難いものなのでした。日中、仕事だの用事だのを済ませてから駅に向かう。

「今日はもう、あとは電車に乗っていればいいだけ。この電車を降りる必要すら、ないのだ……」

という気分には、ホテルに泊まる時とも、家にいる時ともまた全く違う安心感が伴うのです。

今はなき「あさかぜ」「さくら」に乗ることによって、寝台再デビューを果たした私。今回は、二〇〇六年の三月十八日をもってやはり廃止されることとなった寝台特急「出雲」に乗るために、東京駅の十番線ホームに、立っているのでした。

もうすぐなくなるから乗る、というのも、限定発売のブランド品に群がるギャルのようで気が引けるわけですが、しかしそのような心情を覚えてしまうのは人の常。ホーム

の上では、二一時一〇分の発車に備えてもうすぐ入線してくる「出雲」を写真に撮ろうと待ち構える人の姿を、そこここに見ることができるのでした。

今回の旅の目的は、「出雲」に乗ることだけではありません。数年以内には掛け替えがなされるという、山陰本線の餘部鉄橋を見にいくという、言わば「消えゆくものを惜しむツアー」なのです。

この手のテーマは、特に男性はグッとくるものらしく、同行して下さるのは、お馴染みの我が鉄道写真の師・都築雅人《つづきまさと》さん、そして男性編集者二人。ペドロ&カプリシャスにおける高橋真梨子のような気分で（古すぎ?）、私は「出雲」に乗り込みました。

あさかぜ&さくらの時はB寝台、つまりは二段ベッドをカーテンで仕切るタイプを経験した私ですが、今回は個室タイプのA寝台です。窓にはレースのカーテンがかかり、机に変身もする洗面台も部屋についていたりするのを見れば、B寝台と比べるとまるでインペリアルスイートかのように思えてくるではありませんか。

B寝台はと見てみれば、あまり混んではいないのでした。廃止直前にもなればグッと混んでくるのでしょうが、普段はまぁこんなものか、もっとガラガラだったのでしょう。全盛期、「出雲」の寝台券は入手困難であり、それを補うために東京—米子《よなご》間には「いなば」という寝台特急も走ったそうですが、飛行機や深夜バスの影響もあって、もはや昔日の思い出。そしてとうとう出雲は、その廃止を惜しまれる存在となったのです。

無常感のようなものを噛み締めているうちに、出雲はゆっくりと東京駅を発車しました。まずは自分の個室の検分を終えると、早速《さっそく》私達は、おやつだのお酒だの思い思いのものを手に、かつては食堂車として利用され、今はフリースペースとなっている車両へと移動したのでした。

夜九時過ぎ。窓の外には、まだ明かりがついているオフィスビル、残業帰りの人、そしてちょっと一杯ひっかけてきた人。日常の中を走っていく「出雲」は、それら「日常の都合」というものによって姿を消すことになるわけですが、それでも列車は律儀に淡々と、私達を運んでくれる。

「出雲」が急行「いずも」として誕生したのは、五十五年前。途中で特急「出雲」となり、東京と山陰地方を結び続けてきたこの列車は、人間で言えば団塊の世代の少し下ということになるわけです。言わば定年を控えた時期に惜しまれつつ早期退職する、みたいな感じじゃか。我が国の高度経済成長期を見守ってきた「出雲」に、「お疲れさまでした」と、言いたくなってきます。

元食堂車の中では、他にも鉄ちゃん達が、お弁当を食べたりビールを飲んだりしつつ、「出雲」の乗り心地を味わっていました。一人旅の人が多い彼等、相席になると自然に会話が始まったりするのですが、撮った写真を見せ合ったりする姿は、心底楽しそう。関東の人も関西の人も、鉄道という共通言語によって、すぐに打ち解けているのです。

明日の予定など確認しつつ私達もおしゃべりを楽しんでいると、

「で、皆さん京都ではどうします？　予定では三時三九分着ですけど」

と、都築さん。

「どうする、とおっしゃいますと……？」

と問えば、城崎《きのさき》温泉から先の山陰本線は非電化区間であるため、京都では機関車の付け替えを行なうのだそうで、それを見るかというお話。京都から列車を牽《ひ》くＤＤ51というのは、人気の高い赤い機関車らしい。

「その昔は、蒸気機関車を追い出した悪役で、〝赤ブタ〟と呼ばれて嫌われていたんですけどね。今やその赤いＤＤ51がブルートレインを牽くのも、ここだけになってしまいました」

と、都築さんは遠くを見つめます。

なるほど、そんな機関車が京都でねぇ……とは思いましたが、いかんせん四時前に起き出すのはつらい。

「えーと、私は寝ていることにします」

とつい言ってしまったのは、やはり私が〝俄《にわ》か寝台乗り〟に過ぎないからなのでしょう。

十一時すぎに個室に引き上げると、そこからは一人の時間です。「今、ブルートレインに乗っています」みたいな自慢のメールを友人知人に打ってしまうと、あとはもうすることもない。寝床に入ってみても、寝付くことはできない。二三時四〇分、静岡。二四時三六分、浜松。寝床の中でぼんやりとしたり、たまに窓の外を眺《なが》めてみたり。

……と、その時。既に時刻は一時か、二時か。どこかから、

「ケェ〜ッセラ〜ッセラ〜ッ！」

と、絶叫するように歌う声が、聞こえてきたのでした。すわ、何事？　と耳を澄ませてみれば、その歌声はどうやら隣の個室から漏れてくる。

隣の部屋にいるのは編集者のTさんであるわけですが、考えてみれば彼は無類の音楽好き。きっとヘッドホンで音楽を聴きながら一緒に歌っているのであろう、ということが推察できます。そして、個室寝台というのは意外と音が漏れやすいものであるということも、理解できた。

ま、消えゆく寝台車に乗りながら「なるようになる」という歌を聴くというのもまた、悪くないもの。

「ケ〜ッセラ〜ッセラ〜ッ！」

という絶叫を子守歌にしつつ、私も次第にうとうとしていったのでした。

うっすらと、夜が明けてきました。私達は六時三二分に城崎温泉駅にて下車する予定

です。が、私が寝床でふと時計を見ると、六時二〇分。車内アナウンスが入るのは、城崎温泉の次の香住《かすみ》からということだったので、セットしておいたはずの携帯のアラームが、なぜか鳴っていなかったのでした。

寝台車において「寝過ごす」ということは、すなわち「乗り過ごす」ということを意味します。私は小さく「ギャッ」と叫んで、大慌てで下車の支度を始めました。

するとそこに、「コツコツ」とドアをノックする音が。必死の形相をしつつドアを薄く開けると、そこに立っていたのは車掌さんで、「雪などの影響で少し到着が遅れる」とのこと。寝巻のまま城崎温泉駅に降り立たなくてもよくなってほっと胸を撫で下ろしつつ、ほのぼのと遅れる「出雲」に対して、愛着のようなものをも感じたのでした。

結局、城崎温泉に着いたのは七時少し前。鉄ちゃん達は皆終点まで乗るのでしょう、ホームに降り立ったのは私達だけ。早速《さっそく》端っこまで行くと、京都から登場した赤いＤＤ51がエンジン音をたてています。確かに赤い機関車と青い客車の取り合わせは可愛くて、人気があるのも理解できようというもの。「ばいばい」と、もうきっと乗ることはない「出雲」のヘッドマークをつけたＤＤ51に、私は小さく手を振ったのでした。

城崎温泉では、七時から開いていた駅前の温泉でまず汗を流しました。ほとんど徹夜明けの朝風呂という状態だったので、風呂上がりにはもうフラフラです。お座敷があったのでつい誘惑に耐えきれず、そこで大の字になって睡眠不足を解消。その後、温泉街でカニ雑炊を食べて、お腹をくちくしたのでした。

温泉で暖まった後は、いよいよ山陰本線で本日の目的地、餘部へ。この辺はどこもカニの名所らしく、各駅でカニのオブジェが「ようこそ」的な看板を掲げている。カニの名所・香住駅を過ぎ、鎧《よろい》駅を過ぎると、車内の人は皆、そわそわしてきました。乗客が皆、前の車両に集まって、興奮状態なのです。つまりこの列車に乗っている人は、カニ目当てというより、餘部の鉄橋を目当てにしている人がほとんど。もちろん私もその一人であるわけで、車内の誰もが間もなく突入する餘部鉄橋を前に、軽い躁《そう》状態になっているのです。

いよいよ、その瞬間はやってきました。トンネルに入り、

「もうすぐ鉄橋ですよ」

という都築さんの声とともに窓の外を見れば、トンネルを抜けた瞬間、171D普通列車は、四一メートルの高さの鉄橋の上。眼下には漆黒の甍《いらか》の波、そして眼前には群《ぐん》青《じょう》の日本海の波が広がり、あまりの絶景に私は息を呑んだ。

ゆっくりと鉄橋を走り終えた列車は、餘部駅に到着しました。一本のプラットホームだけの無人の餘部駅には、しかしその列車に乗っていた人のほとんど全てではないかと思われるほど、多くの人がゾロゾロと下車。その人達はそのまま、駅脇の「鉄橋撮影ポイント登り口」という表示に従って、さらに上まで登っていきます。そう、彼等は「鉄

橋と、鉄橋を走る列車を思いきり見て、撮りたい」という明確な目的を持って、ここまでやってきた人々。

「上り口」ではなく「登り口」と表示にあるように、撮影ポイントへの坂道は急峻《きゅうしゅん》で、中には足を滑らせ転倒する人もいました。ポイントは山の中の狭い場所ですが、カメラやビデオを構えている人が三十人ほどひしめき合っており、しかも誰もが無言という、緊張感が溢れる雰囲気が漂っています。

そこから見る鉄橋は、うっとりするほど素晴らしいものでした。全長三一〇メートルの赤い鉄橋の左手には、海。前方には、山。そしてわずかに開けた鉄橋の下の平地には、黒い家並み。山が海まで迫っているからこその絶景であるわけですが、それ故に餘部は昔から交通の難所であり、悲願でもあった餘部駅ができたのは、一九五九年のことなのです。

鉄橋自体ができたのは、一九一二年。なんと百年近く昔のことです。錆《さび》を防ぐためのペンキが戦争時は不足したり、また一九八六年には列車転落事故があったりと、苦難の歴史を経ながらも、この巨大な建造物は餘部の地に存在し続けてきました。

しかしやはり風の影響のこともあって、コンクリート製の橋への掛け替え案が浮上。だからこそ今、餘部は、「もうすぐ見られなくなってしまう」と、燃えているわけです。

神々しいまでの高さを持つ赤い橋。その橋に愛着を持つ人達が今、山の中の撮影ポイントにひしめき合って、カメラを構えています。私も、フィルムのカメラとデジカメを右手と左手に持ち、さらには「携帯のカメラでも撮りたい」などと逡巡《しゅんじゅん》しつつ、列車を待ちました。

「こちらから二つ目の橋脚に先頭車両が来た時にシャッターを押せば、列車の全景がきれいにおさまりますよ」

という都築さんの指導も受け、待つことしばし。息詰まる静寂の中、トンネルから普通列車が顔を出しました。

「来たッ！」

と皆がカメラにしがみつき、私も無闇にシャッターを押してはみたものの、二兎《にと》を追う者は一兎をも……というのは本当で、ロクな写真は撮れなかった。二十分後に特急はまかぜ1号が通過する時にはカメラを一台に絞り、やっとまともにシャッターを押したのです。

その後、私達は鉄橋の真下までひたすら降りて、真上を列車が通過する様を体感。

「ここは、音を聴くための場所なんです」

と都築さんがおっしゃる通り、「ガタンゴトン」という音がシャワーのように、そして神のお告げのように、天から注がれる。

さらには山側に少し行って撮ってみたり、はたまた漁港の先の海側まで行って雪を抱いた山をバックに撮ってみたりと、様々な角度から私達は鉄橋を見上げ、写真を撮った。

餘部鉄橋は、どの角度から見ても、美しいのでした。鉄道写真マニアの中には、漁船をチャーターして海の上から写真を撮ったり、また遭難しそうになりながら雪山を何時間もかけて登ってそこから撮ったりと、「いかに他人が撮っていない角度から鉄橋を撮るか」ということに情熱を傾けている人もいるのだそうですが、その気持ちも理解できる。見る角度を変える度に違う表情を見せる富士山のように、餘部鉄橋もまた、人をして「あらゆる角度から、この鉄橋を見てみたい！」と思わせる存在なのです。

餘部の集落を夢中に歩いていた私達ですが、この場所はときたま列車が鉄橋を通る時の音が聞こえる以外は、あくまで静かでした。出会うのは、やはり鉄橋を見るために右往左往している鉄ちゃんばかりという、考えてみればかなり変なムードです。

歩き疲れた私達は、おそらくは日本一鉄橋がよく見えるカフェであろうドライブインで一服したのですが、とはいえそこには鉄男くん達の姿はありません。彼等は鉄橋と鉄道さえ目にしていれば嬉しいのであって、お茶などする気分には全くならないらしい。地元に全くお金を落とさない観光客であるわけですが、しかしそんな鉄ちゃん向けに「鉄橋まんじゅう」とか「鉄橋キーホルダー」を売らない餘部には、そこはかとない上品さが漂っているのです。

思う存分に鉄橋を堪能《たんのう》した私達は、帰途につくことにしました。餘部駅へと向かうと、その道程は心臓破りの坂。まさに「行きはよいよい、帰りは……」であり、新しい橋ができたあかつきには、是非ご老人用にエレベーターを設置してあげてほしいものだ、と思ったのでした。

やっとの思いで駅にたどりついた私は、駅において感動的な光景を目にしました。先刻到着した列車から降りてきた二人組が、盛んに鉄橋の写真を撮影していたのですが、その二人はミニスカートにブーツという、場にそぐわない華やかな姿。……であるだけでなく、その人達は、明らかに男性なのです。

以前、原武史《はらたけし》さんより、

「女装趣味の人には鉄道好きが多い、ような気がする」

というお話をうかがっており、

「決められた線路を走るという感覚と、違う性の衣服に自分を押し込むという感覚は、どこか通じるのではないか？」

というような推察をしてみたことがあったのです。女装サークルの中には鉄道部会のようなものも存在するらしいのですが、餘部という鉄道好きしか来ないような場所に彼等の姿があるということは、まさにそのお話の裏付けとなりましょう。ミニスカート姿で、鉄橋をバックに写真に収まる彼等の姿は愛らしく、「姿は普通と違えど、やはり彼等も鉄道という共通言語を持つ人達なのであるなぁ」と、ちょっと嬉しい気分に。我々

は、宿がとってある鳥取に向かう車中、

「女装の人達は、実は餘部に実家があって里帰りしただけなのでは?」

「いやでも、そうしたらわざわざ記念撮影なんてしないでしょう」

「この時間に来るということは、今日は餘部に泊まるということか?」

「明日の朝、鉄橋を通る『出雲』を撮影するための前泊では?」

と、「女装と鉄橋」についての推理を盛んにしていたのです。

早朝、赤い鉄橋を走る赤いDD51の姿は、さぞかし美しいことでしょう。そしてその姿はもうすぐ見ることができなくなってしまうのであって、「見たい」という気持ちは、男子も女子も女装男子も同じなのです。

私は鳥取に向かいつつ、もう「ああ、もう一度この鉄橋に来たいものだ」と思っていたのでした。気高く、そして孤高感漂う餘部の赤い鉄橋の魅力に、私もすっかりやられてしまったようです。餘部鉄橋を走る「出雲」の姿を、私は一度も見ることがなく終るわけですが、いつかまたこの鉄橋を見た時、そこをDD51が走る姿が、閉じた瞼《まぶた》には映るような気がしてならないのでした。


(二〇〇六年一月乗車)

追記　二〇〇九年五月に餘部を再訪してみると、赤い鉄橋の横には、すでにグレーのコンクリート橋脚が姿を見せていた。二〇一〇年度には、線路も新しい橋に移され、鉄橋は姿を消すことになる。

〝星の音〟を探しに「北斗星」に乗る。

森ミドリ

「北斗星」が威厳をもって入線

上野駅に向かう山手線の車内。目の前に立った初老の男性の手にがっしりとした黒皮の手袋。

――あ、いけない。私、手袋忘れたわ！　札幌は寒波到来と聞く。大丈夫かしら？　カメラマンの目黒さんとの約束時間より30分ほど早く到着。行き交う人を眺めつつ、なぜか口ずさんでいた。

～♪　上野は　俺らの　心の駅だ～（「ああ上野駅」より）

井沢八郎が歌っていたこの歌、若い人は知らないだろうな？　と思ったら、おかしさがこみ上げてきた。

15番線では高崎線の電車が人々を待っている。思えば学生時代、理由《わけ》あってこの電車にはよく乗った。

そんなことを懐かしんでいるうちに13番線ホームの空気がざわざわっとして、あの「北斗星」が静かに威厳をもって入線してきた。まるで恋人を待つようなときめき…久々の感覚だ。

これまでいくらだって乗るチャンスはあったのに、なぜか速い乗り物に身を委ねてきてしまった。

——思えば随分前、コンサートのため「はくつる」に乗って青森まで行って以来だわ。あの日もまるで子どものようにはしゃいでいた。あのときと気持ちはまったく同じだ。そうそう、このブルー、何ブルーというのかしら。コバルトブルー？　セルリアンブルー？　いえ、これはブルートレインブルーとしか言いようがない。

憧れの世界にいざなう、深遠なる色だ。

19時03分、動き出した。非日常への出発だ。初めてのロイヤル。ベッドにそっと座ったそのとき、コンコンとドアをノックする音。

「ウェルカムドリンクでございます」

「え、そうなんですか？」

なんだかドギマギしてしまう。

洗面もトイレも引き出し式。こういうふうになっているんだ、面白そう！　シャワーまで完備されているけど、この10：00という数字は何なのかしら？

まずは旅のお供の小さなうさぎのぬいぐるみ「タビ太クン」を窓際に置く。意外にこういうのって心強いのよと、よく地方に行く私のために親友がプレゼントしてくれた物。何度も洗濯している、「長年の友人」だ。ウィーンで買った作曲用の万年筆。そして五線紙。五線紙がなくなったとき用の五線を引く優れものも。あとは、心を癒してくれる輪島塗の「魂の蕾」。何度でも使える、ハートの入ったカイロ。これは昨年、一昨年と旅をした大好きな稚内でも重宝した。そしてカメラ3台。

これって私の演奏じゃない!?

私が最初に夜行列車で両親の故郷・熊本へ行ったのは生後三カ月のとき。そのときはもちろん母も一緒だった。水前寺公園での両親と一緒の写真がある。そして、その次が一歳のとき。このときはなぜか父と二人。なんと国鉄がストライキに入り、私を背負って関門トンネルを歩いたという。門司ではよほどおなかが空いたのか、父の分までうどんをほおばったとか。

祖父母の待つ九州へは毎夏、夜行で行った。小学1年の時、いつ見ても太陽がいる（？）ので、「太陽がついて来てる！」と迷言を放ったらしい。何よりも、あのレールの音が「ゆりかご」だった。同じリズムが繰り返されるところは、まさしく鉄道のボレロ。これがとても心地よいのだ。

しばらくして、一瞬、部屋に流れるBGMに、目が、いえ、耳が点になった。

えっ、これって私の演奏じゃない？

TBSテレビの「8時の空」という番組に出ていた頃、ビクターから出した「愛の休日」というLPの中の一曲。たしか「モン・パリ」という恋愛映画のテーマ曲だ。録音をしたスタジオ風景がなつかしく脳裏をよぎる。

まあ、なんということ。こんなところで20代の私に出逢えるなんて！　おそらくこれまでのブルートレインの乗客のうち、自分の演奏がBGMで流れてきた人なんて、いないのではないかしら？

もしも鉄道の神様がおいでになるとしたら、この思いがけぬプレゼントに心から感謝。

大宮を過ぎて15分。食堂車「グランシャリオ」の予約時間だ。

敬意を表し、着替えをして9号車から7号車へ。昔は各テーブルに一輪挿しがあったようにも記憶しているけど。テーブルの灯りがワイドになったのは、料理を、よりきれいに見せるためかもしれない。

仏料理と日本料理の2種類。予約券を手渡した先は、ドリンクを運んでくださったアテンダントの方。満面の笑みを浮かべてのお出迎え。

ウィークデーだからかしら？　少し離れたテーブルに、お客さんが一組だけ。貸切みたいでそれも気分がいい。赤ワインのラベルにも汽車の絵が。コースターにも北斗星が描かれている。そう、幼い頃は名古屋にも星空が広がっていた。一番見つけやすい北斗七星が大好きで、イチ、ニイ、サン、シ…七つは当たり前なのにそのたびに数を数え、それがこよなく楽しかった。けれどいつしか都会から星たちが消えてしまって。

今や星空を観光の目玉とする町も出はじめた。小学校の校歌を作るため、足繁く訪れた石川県柳田村（現・能登町）もその一つ。立派な天体望遠鏡つきのロッジに泊まっては、嬉々として夜空を眺めたものだ。

「このコースター、いただいてもいい？」

「あ、どうぞどうぞ、なんでしたら、もう少し、お持ちしましょうか？」

ミスタースマイルはサービスがいい。ホタテと蟹、アスパラガスとトマトの入ったバルサミコ風味のオードブル。青森産にんにくのクリームソース添え、ヒラメの湯葉包み煮。赤ワインソースの牛ヒレ肉ソテー。想像以上の美味だ。デザートには北海道の形をしたホワイトチョコレートも。

宇都宮へ着くころには、すでにほろ酔い気分になっていた。

思い出に浸りながら青森へ

ラウンジで星座盤片手に休んでいると、ほどなく仙台に到着。

センダーイ、センダーイ…昔なら駅員さんの声が響いただろうに、今はまことに静か。たとえ夜中であっても、すぐにドレミ…で採譜ができそうな抑揚のある声も、とっておきの子守唄だったのに。

子守唄といえば、こんな俳句を作ったことがある。

つくし野や　電車の揺れが　子守唄
誰《た》が描きし　窓のハートや　煖房車
毛糸編む　ほどよき揺れの　こだま号

いつだったか、新幹線の中で作家・椎名誠さんが、画板のようなものに原稿用紙を置いて、文章を書かれている姿を拝見したことがある。

が、実は私も、この「ほどよい揺れ」が発想に拍車をかけることが多い。誰にも邪魔されず、集中力も高まるのだ。

画家・安野光雅先生の詩に作曲した合唱組曲が3作品あるけれど、そのひとつ、「津和野」の中の「忘れ旅」は、山口線の蒸気機関車「貴婦人号」を歌った曲。

今度は、鉄道をテーマとした組曲も作りたいな。タイトルは「北斗星」がいいかしら？　それとも「ひとり旅」？

そういえば何かのエッセイに書いたことがある。私の「ホンモノの旅」の持論は、

一、ひとりで行くこと

二、仕事ぬきで行くこと

三、自分のお金で行くこと

ひとりはいやだわ、と「束」になりたがる人が多いけど、ぜひ、一度はひとり旅を、と思う。きざっぽい言い方だけど、いやが上でも、自分と対峙し、自分をきちんと見つめることになるから。若い時のひとり旅は、決して無駄にはならないはずだ。

あ、一ノ関を通過した。

9月末、ここから大船渡線で気仙沼へ行ったことを思い出す。津波に命を奪われた友人の妹さんを弔うために…。

非日常から、ふっと、あの未曾有《みぞう》の怖ろしい現実に戻る。

そうだ、シャワー浴びようかな？

勢いはさほどないけれど、こんなパーソナルシャワーは初めて。ここで10：00の意味

が分かった。10分間お湯が使える、ということなのだ。それにしても贅沢すぎる。すこしとっておこうかな？　数字は4：12で停止。

横になって目を閉じる。

小学5年の冬、初めて両親と東京へ行ったことを思い出す。なぜか、アタミー、アタミー、という駅員さんの声を覚えている。もちろん、寝台車の様子も！

記憶とは面白いものだ。

ふと、目を覚ます。

あまりにも音のない世界とその気配に、身体がハッと反応したらしい。

「えっ、ここはどこ？」

ドアを開けると、車掌さんの後ろ姿が。小声で、

「すみません、ここはどこですか？」

「はい、青森ですよ」

でも、駅ではない。信号場のようだ。ひょっとして、機関車をつけ替えているのかしら？　そういう様子をぜひ見てみたいな。線路に降りてブルブル震えながら、ふ〜ん、こうするんだ、などと言いつつ…。戻ってこられた車掌さんにふたたび尋ねる。

「青函トンネルは何時に入りますか？」

「5時04分です。トンネルを通過するのは38分間ですよ」

「ありがとうございます」

青函トンネルの最深部へ

二十数年前、青函連絡船の最後の日。函館から船に乗り込んだ。どうしても十和田丸に乗りたかったのだ。最初で最後の津軽海峡。マニアばかりが乗っていた。小学5年の男の子がマイクを向けている。けれど、よく見るとコードが外れていて、ここ、ほら！　と注意したときの慌てようったら。つい、笑ってしまった。（あの子、今も元気にしてるかしら？）

翌日は津軽海峡線の開通式。6時過ぎ、眠い目をこすりこすり、人で溢れる反対側ホームの階段のなかほどで式典に見入る。当時、運輸大臣でいらした石原慎太郎さんのお姿も！　翌日、新聞を見て驚いた。大勢の人に交じって、私の姿がある。キャプションはこうなっていた。

——鉄道マニアの人々。

コンコン。朝5時。そろそろですね、と目黒さんが部屋へ。月が煌々と光っている。トンネルに入った。と思いきや、また月が現れる。また、すぐトンネルに。

「入ったかな？」「入ったかな？」

「あ、また違ったわ」「また違ったね」

オウム返しの目黒さん、楽しい方だ。

「あ、今度こそ入ったわ」「入ったかな?」

「音が変わったの。ほら、吸い込まれるような音になったでしょ?」

最深部になると、ライトが青から緑になるというので、緊張しつつ録画ボタンを押し続ける。一瞬、左斜めに別のトンネルを垣間見た。引き込み線かしら。なんだかいけないものを見てしまったようで、ドキッ!

「みんな、起きてるのかしら?」

「いえ、寝てるでしょうね」

(あのトンネルを見た人には、きっと幸せが訪れます、とかなんとか、ジンクスでも作ってくれればいいのに…)

正直、緑色が今ひとつはっきりしなかった。でも、入って22、3分のところではなかったかしら? 特別なレール音がそう教えてくれたような気がする。今度は部屋からではなく、通路側の窓から見よう。絶対そのほうがいい。出口近くなると、あまりにもライトが眩しくなるから。

トンネルを抜ける瞬間も心が躍る。まだ薄暗い中、無彩色に広がる大地の景色。ああ、ここからが北海道。朝焼けから徐々に明けゆく移ろいを心ゆくまで堪能。安野光雅先生のご著書『故郷へ帰る道』のある一節を思い出した。

――鉄は昔から、人間の歴史に関わってきた。人間は鉄を信仰し、鉄がもっている、色や重さや逞しさに憧れた――

ならば、その筆頭が鉄道ではないかしら？

今、私はその鉄に、あたたかさとやわらかさを感じている。なぜなら、鉄を叩いて音を奏でる鍵盤打楽器「チェレスタ」をソロとして演奏しているからだ。

星がふりそそぐような音色のチェレスタは、「天使の」あるいは「天空」という意味で、鍵盤の数はピアノの半分ほどながら構造は同じで、外観はオルガンに似ている。

これが究極の癒しの楽器と言われているということは、「鉄こそ癒し」ともいえるのではないかしら。幼い時から密かに、鉄に、鉄道に愛着を覚えていたことが、今日につながったように思えてしかたがない。

函館に着くころには、すっかり夜も明け…。再び食堂車で朝食をいただくころには、日差しがまばゆく、噴火湾の水面が太陽に反射し、幸せそうに美しく映えていた。

モーニングコーヒーでひと息ついていた時、列車が止まった。八雲の少し手前の踏切で、貨物列車と乗用車の接触事故があったとのアナウンス。

――いいの、急ぐ旅ではなし。

1時間40分遅れで発車。苫小牧まで、ひたすら海を眺め、これまで訪れた北海道の数々の場所に思いを馳せた。

13時06分、列車は終点・札幌に。降りると先ずは大きく深呼吸。思ったほど寒くない。ひょっとして手袋は要らないかも。

長旅おつかれさま、そして、ありがとう！　先頭車両に駆け寄り、そっと手を触れた。

「夜行列車」への招待　編者解説エッセイ

芦原伸

大学時代、札幌で暮らしていた。

北大から近い、北6条西8丁目付近、函館本線桑園駅の近くに下宿していた。昭和四〇年代のことであるが、夜になると下宿の六畳間の窓ガラスを震わせて夜汽車が通り過ぎていった。あの頃夜は暗く、深く、静寂だった。闇の中に消えてゆくかすかな汽笛は遠い旅情を誘った。

夏休みのこと、その汽笛に誘われるまま駅へ行き、ふらりと釧路行きの夜汽車に乗ってしまった。それがぼくの無銭旅行のはじまりで、以来、〝旅の虫〟が心のなかに巣くってしまった。

どこか遠くへ、旅に出たい——。

蒸気機関車の汽笛は、そんな青春の思いをゆだねるには特別の感慨があった。

夏目漱石門下で、小説家としても活躍した**内田百閒（一八八九—一九七一）**は、岡山県出身。地元を流れる百間川にちなみ筆名とし、「百鬼園」を号とした。『百鬼園夜話』『ノラや』など、随筆も数多く発表している。とくに、全国各地への鉄道旅行を題材にれている。

した『阿房列車』シリーズは、鉄道文学の元祖ともいえる作品で、いまも熱く読み継が
『阿房列車』は、「何も用事がないけれど、汽車に乗って大阪に行って来ようと思う」という有名な書き出しではじまり、昭和二五（一九五〇）年から五年間、「小説新潮」に連載された。計一四回の列車旅行の延べキロ数は二五〇〇〇キロを超えている。

唯我独尊、気ままな〝王様〟のようなわがままぶりや時折見せる愛嬌が、当時の敗戦から立ち直る日本人の旅心を捉えた。一等車にしか乗らない百閒センセイは焼け跡から這い上がろうとする日本人の夢だった。

「阿房列車」では、秘書役のヒマラヤ山系が必ずお供している。その本名は平山三郎という国鉄職員で、部内誌の編集に携わっていた。

一度だけ、青山の平山三郎宅を訪れたことがあった。その時ぼくはまだ三〇歳代の駆け出し記者だったが、ぶしつけな質問にも丁寧に答えていただき、実直で、いかにも鉄道員然とした謙虚な姿勢に心打たれた。さすが百鬼園センセイがパートナーに選んだ方だと素直に納得した。

「雪解横手阿房列車」では、センセイと山系君の二人は秋田県横手へ〝雪見〟に向かう。「鳥海」は東北・奥羽本線経由で上野～秋田間の急行列車だ。その名は羽州の名山、鳥海山にちなんでいることはいうまでもない。松本清張の『砂の器』は自らの貧しい出自

を抹消しようとする野望に燃えた青年の悲劇を描いた推理小説の傑作だが、映画では羽後亀田に捜査に出た警部が帰りに乗るのがやはり急行「鳥海」だった。鳥海は昭和三一（一九五六）年には運行区間を上野〜青森間に延長のうえ、「津軽」と改称された。

急行「津軽」は、東北地方を走った夜行列車のなかでも、特異な存在だった。別名を〝出世列車〟あるいは〝出稼ぎ列車〟といわれ、沿線の庄内地方から、東京へ出稼ぎに出ていた人が帰省の折に常用した。上京して、働いて、出世して故郷に錦を飾るという夢を与えたのが急行「津軽」であった。

百鬼園師弟は今のA寝台にあたる2等寝台に乗り込んだ。もし「津軽」であれば〝出世頭〟のご身分である。

ぼくが最初に「津軽」に乗ったのは大学生の頃だったが、上野を出発する前から車内の各所で宴会がはじまっており「おい、兄さん、呑みねえ」と、コップ酒が回ってきた。荷棚には山積みの故郷への土産が並び、筋肉質の男たちは故郷の話で盛り上がっていた。昭和の時代、鉄道には人の温かみや人情があったのだ。

今や都会も地方も、老若男女を問わず、車中では皆ケータイの人となり、車中は〝密室〟と化している。しかし、乗り合わせた向かい同士の見ず知らずの乗客同士が世間話を交わす、ということはつい最近までフツーのことだった。そこには地方の出来事があったり、地方の言葉が息づいていたのである。だから旅は〝異国体験〟があり楽しかった。

センセイは若い山系君を相手に何を話していたのだろうか？　平山さんは頑固放漫なセンセイの得意鼻を持ち上げもせず、また卑下もせず、周囲の乗客や乗務員にも気を配りながら、うまく相槌を打って、巧みにかわしていたのだろう。平山さんの人柄を忍びながら読むと、また格別な味わいがある。

本作の五年後、昭和三三（一九五八）年、国鉄の夜行列車のイメージを一変させるブルートレインがデビューした。最初の列車は「あさかぜ」（東京～博多）だった。

画期的だったのは、それまで列車は座席車とか寝台車など一車両ずつの組み合わせだったのだが、ブルートレインは列車を「固定編成」による一単位としたことだった。寝台車、座席車、食堂車、電源車兼荷物車をつなぎ、原則として車両の分割・併合は行わない。全室冷暖房完備、食堂車厨房の電子レンジ化も図られた豪華な編成は、〝走るホテル〟とも呼ばれた。つまり考え方はホテルと同じで、一階はフロント、二階はホール、三階以上は客室という縦の概念を、ブルートレインは横に並べたのである。

ブルートレインの最盛期は、一九七〇年代の高度成長期で、おもな列車名を挙げれば、東京発の東海道・山陽・山陰・九州方面に「銀河」「さくら」「はやぶさ」「富士」「出雲」。上野発の東北方面に「ゆうづる」「はくつる」「あけぼの」。関西からは「あかつき」「彗星」「日本海」などがあった。

酒井順子の「お疲れ様、「出雲」。お疲れ様、餘部鉄橋」は、ブルートレイン「出雲」に乗って鳥取に行く話である。

彼女が「出雲」に乗ったのは、平成一八（二〇〇六）年一月のことで、三カ月後の廃止が決まっていた。さらに鉄道遺産で知られる餘部鉄橋も、付け替えられる間際の時だった。山陰の鉄道シーンの両目玉が消滅するという時の貴重な体験というべきだろう。

酒井順子（一九六六―）は東京都出身で、立教大学観光学科を卒業後、広告代理店を経て、エッセイストとして文筆活動に入った。二〇〇三年、三〇代の時、『負け犬の遠吠え』で講談社エッセイ賞、婦人公論文芸賞をダブル受賞し、現代感覚あふれる女流作家として注目された。もともと旅好きで、紀行作家の宮脇俊三の文章が好きだったこともあり、鉄道ファンとなった。いわゆる〝女子鉄〟の元祖的存在である。

ブルトレ「出雲」は東京から山陰地方に行くには便利な夜行列車で、夜東京を出て、一晩眠ると、翌朝には日本海が見られる、という具合だった。ぼくの本籍は丹後の峰山なので、先祖の墓参りによく使った列車だ。在来線の東海道を走り、長い夜を体験した。日頃見慣れている東海道も夜の風景は新鮮だった。食堂車が付いており、冷たいビールを飲みながらうなぎ飯を食べ、赤い灯、青い灯きらめく東海道メガロポリスをゆくのも味わいがあった。午前三時頃に京都に着く。そこから先の山陰線は未電化だったため、深夜京都でディーゼル機関車の付け替えがあった。昔はＤＦ50形の古いが強力な機関車が付き、漆黒の闇の中をむせび泣くような機笛を鳴らして、保津峡を越えていったものである。

夜が明けると、日本海が広がり、さわやかな朝日のなかに一日がはじまった。野越え、山越え、海辺を走る、いかにも夜行列車の気分が満喫できる列車であった。

ブルートレインが消滅した今、「出雲」は「サンライズ出雲」として復活している。「サンライズ出雲」は現在、出雲大社を訪れる女性に人気で、〝縁結び列車〟とも〝女子会列車〟とも呼ばれている。とくに、座席指定券のみで乗車できる「ノビノビ座席」は、チープシック志向の若者にも人気である。

音楽家・森ミドリ（一九四七―）が「北斗星」に乗車したのは〝さよなら運行〟が近い平成二三（二〇一一）年一二月のことだった。

ＪＲ東日本の「北斗星」、ＪＲ西日本の「トワイライトエクスプレス」は今思えば、夜行列車の最後の切り札だった。

双方とも列車を単なる移動手段ではなく、列車そのものを楽しむという演出をしたことが画期的だった。象徴的なのは、ホテルと同様な広さと設備をもつ一人用Ａ寝台個室（「ロイヤル」）と二人用Ａ寝台個室（「スイート」）、さらに食堂車で味わえるフランス料理だろう。

ワイングラスを片手にコース料理を楽しみながら、たそがれの里山や日本海の夕陽を眺め、ゆったりとベッドに身を沈めて、輝く星々をながめながら、月夜のみちのくを疾駆する。めざめるとそこには北海道の大地が横たわる。

「北斗星」は昭和六三(一九八八)年に運行を開始。その直後から切符がとれず、プラチナチケットになったことは今や伝説となっている。

かつて輸送荷物と同じ扱いを受け、満員のなかで新聞紙を敷いて眠ったり、通路に立ったまま夜を過ごした経験がある方も多いだろう。鉄道で移動すること自体が苦痛と同じ意味だった。

「北斗星」は高度成長をなしとげた日本人がはじめて勝ち得たご褒美のような列車だった。

航空機よりも高い料金、移動することの楽しみを教えてくれた「北斗星」は今でいう〝クルーズトレイン〟(「ななつ星」「四季島」「瑞風」など)ふうの装いをもった最初の豪華列車だった。

森ミドリは名古屋市の生まれ。二歳でバイオリン、五歳でピアノをはじめ、東京芸大作曲科在学中に「安宅賞」を得るなど、早くから音楽の才能を認められる存在だった。卒業後はNHKの「N響アワー」などの司会を務め、多数のエッセイを発表するなど、各方面でその多才ぶりを発揮している。

父親の郷里が熊本で、帰省の折はいつもブルートレインに乗っていたという根っからの鉄子さんでもある。

――今度は、鉄道をテーマとした組曲も作りたいな。タイトルは「北斗星」がいいかしら？　それとも「ひとり旅」？

ディナーを終えた森は、ほろ酔い気分で戻ったロイヤルの室内で、そんな思いを膨らませる。

平成一一（一九九九）年、次世代「北斗星」として上野～札幌間に登場した「カシオペア」も、平成二四（二〇一六）年には団体専用列車に姿を変えた。いま〝夜行〟の旅をしようとすれば、豪華クルーズ列車か「サンライズ」かになってしまった。

「北斗星よ、もう一度！」と思うのは、ひとりぼくだけではないだろう。

駅

列車

太宰治

一九二五年に梅鉢工場という所でこしらえられたC五一型のその機関車は、同じ工場で同じころ製作された三等客車三輛《りよう》と、食堂車、二等客車、二等寝台車、各々一輛ずつと、ほかに郵便やら荷物やらの貨車三輛と、都合九つの箱に、ざっと二百名からの旅客と十万を越える通信とそれにまつわる幾多の胸痛む物語とを載せ、雨の日も風の日も午後の二時半になれば、ピストンをはためかせて上野から青森へ向けて走った。時に依って万歳の叫喚で送られたり、手巾《ハンカチ》で名残を惜まれたり、または嗚咽でもって不吉な餞《はなむけ》を受けるのである。列車番号は一〇三。

番号からして気持が悪い。一九二五年からいままで、八年も経っているが、その間にこの列車は幾万人の愛情を引き裂いたことか。げんに私が此の列車のため、ひどくからい目に遭わされた。

つい昨年の冬、汐田《しおた》がテツさんを国元へ送りかえした時のことである。

テッさんと汐田とは同じ郷里で幼いときからの仲らしく、私も汐田と高等学校の寮でひとつ室に寝起きしていた関係から、折にふれてはこの恋愛を物語られた。テツさんは貧しい育ちの娘であるから、少々内福な汐田の家では二人の結婚は不承知であって、それゆえ汐田は彼の父親と、いくたびとなく烈《はげ》しい口論をした。その最初の喧嘩の際、汐田は卒倒せん許《ばか》りに興奮して、しまいに、滴々《たらたら》と鼻血を流したのであるが、そのような愚直な挿話さえ、年若い私の胸を異様に轟かせたものだ。

そのうちに私も汐田も高等学校を出て、一緒に東京の大学へはいった。それから三年経っている。この期間は、私にとっては困難なとしつきであったけれども、汐田にはそんなことがなかったらしく、毎日をのうのうと暮していたようであった。私の最初間借していた家が大学のじき近くにあったので、汐田は入学当時こそほんの二三回そこへ寄って呉《く》れたが、環境も思想も音を立てつつ離叛して行っている二人には、以前のようなわけへだて無い友情はとても望めなかったのだ。私のひがみからかも知れないが、あのとき若《も》し、テツさんの上京さえなかったなら、汐田はきっと永久に私から遠のいて了《しま》うつもりであったらしい。

汐田は私とむつまじい交渉を絶ってから三年目の冬に、突然、私の郊外の家を訪れてテツさんの上京を告げたのである。テツさんは汐田の卒業を待ち兼ねて、ひとりで東京へ逃げて来たのであった。

そのころには私も或る無学な田舎女と結婚していたし、いまさら汐田のその出来事に胸をときめかすような、そんな若やいだ気持を次第にうしないかけていた矢先であったから、汐田のだしぬけな来訪に幾分まごつきはしたが、彼のその訪問の底意を見抜く事を忘れなかった。そんな一少女の出奔を知己の間に言いふらすことが、彼の自尊心をどんなに満足させたか。私は彼の有頂天を不愉快に感じ、彼のテツさんに対する真実を疑いさえした。私のこの疑惑は無残にも的中していた。彼は私にひとしきり、狂喜し感激して見せた揚句、眉間に皺を寄せて、どうしたらいいだろう？　という相談を小声で持ちかけたではないか。私は最早、そのようなひまな遊戯には同情が持てなかったので、君も悧巧《りこう》になったね、君がテツさんに昔程の愛を感じられなかったなら、別れるほかはあるまい、と汐田の思うつぼを直截に言ってやった。汐田は、口角にまざまざと微笑をふくめて、しかし、しかし、と考え込んだ。

それから四五日して私は汐田から速達郵便を受け取った。その葉書には、友人たちの忠告もあり、お互の将来のためにテツさんをくにへ返す、あすの二時半の汽車で帰る筈だ、という意味のことがらが簡単に認められていた。私は頼まれもせぬのに、テツさんを見送ってやろうと即座に覚悟をきめた。私にはそんな軽はずみなことをしがちな悲しい習性があったのである。

あくる日は朝から雨が降っていた。

私はしぶる妻をせきたてて、一緒に上野駅へ出掛けた。一〇三号のその列車は、つめたい雨の中で黒煙を吐きつつ発車の時刻を待っていた。私たちは列車の窓をひとつひとつたんねんに捜して歩いた。テツさんは機関車のすぐ隣の三等客車に席をとっていた。三四年まえに汐田の紹介でいちど逢ったことがあるけれども、あれから見ると顔の色がたいへん白くなって、頤《あご》のあたりもふっくりとふとっているのであった。テツさんも私の顔を忘れずにいて呉れて、私が声をかけたら、すぐ列車の窓から半身乗り出して嬉しそうに挨拶をかえしたのである。私はテツさんに妻を引き合せてやった。私がわざわざ妻を連れて来たのは妻も亦《また》テツさんと同じように貧しい育ちの女であるから、テツさんを慰めるにしても、私などよりなにかきっと適切な態度や言葉をもってするにちがいないと独断したからであった。しかし、私はまんまと裏切られたのである。テツさんと妻は、お互に貴婦人のようなお辞儀を無言で取り交しただけであった。私は、まのわるい思いがして、なんの符号であろうか客車の横腹へしろいペンキで小さく書かれてあるスハフ134273という文字のあたりをこつこつと洋傘の柄でたたいたものだ。

テツさんと妻は天候について二言三言話し合った。その対話がすんで了うと、みんなは愈々《いよいよ》手持ぶさたになった。テツさんは、窓縁につつましく並べて置いた丸い十本の指を矢鱈にかがめたり伸ばしたりしながら、ひとつ処をじっと見つめているのであった。

私はそのような光景を見て居れなかったので、テツさんのところからこっそり離れて、長いプラットフオムをさまよい歩いたのである。列車の下から吐き出されるスチイムが冷い湯気となって、白々と私の足もとを這い廻っていた。

私は電気時計のあたりで立ちどまって、列車を眺めた。列車は雨ですっかり濡れて、黝《あおぐろ》く光っていた。

三輌目の三等客車の窓から、思い切り首をさしのべて五、六人の見送りの人たちへおろおろ会釈している蒼黒《あおぐろ》い顔がひとつ見えた。その頃日本では他の或る国と戦争を始めていたが、それに動員された兵士であろう。私は見るべからざるものを見たような気がして、窒息しそうに胸苦しくなった。

数年まえ私は或る思想団体にいささかでも関係を持ったことがあって、のちまもなく見映えのせぬ申しわけを立ててその団体と別れてしまったのであるが、いま、こうして兵士を眼の前に凝視し、また、恥かしめられ汚されて帰郷して行くテツさんを眺めては、私のあんな申しわけが立つ立たぬどころでないと思ったのである。

私は頭の上の電気時計を振り仰いだ。発車まで未だ三分ほど間があった。私は堪らない気持がした。誰だってそうであろうが、見送人にとって、この発車前の三分間ぐらい閉口なものはない。言うべきことは、すっかり言いつくしてあるし、ただむなしく顔を見合せているばかりなのである。まして今のこの場合、私はその言うべき言葉さえなにひとつ考えつかずにいるではないか。妻がもっと才能のある女であったならば、私はまだしも気楽なのであるが、見よ、妻はテッさんの傍にいながら、むくれたような顔をして先刻から黙って立ちつくしているのである。私は思い切ってテッさんの窓の方へあるいて行った。

発車が間近いのである。列車は四百五十一哩《マイル》の行程を前にしていきりたち、プラットフオムは色めき渡った。私の胸には、もはや他人の身の上まで思いやるような、そんな余裕がなかったので、テッさんを慰めるのに「災難」という無責任な言葉を使ったりした。しかし、のろまな妻は列車の横壁にかかってある青い鉄札の、水玉が一杯ついた文字を此頃習いたてのたどたどしい智識でもって、FOR A-O-MO-RI とひくく読んでいたのである。

姨捨《おばすて》

井上靖

私が初めて姨捨山の棄老伝説を耳にしたのは一体何時頃のことであったろうか。私の郷里は伊豆半島の中央部の山村で、幼時私はそこで育ったが、半島西海岸の土肥《とい》地方にも、往時老人を山に棄てたという話が語り伝えられており、おそらくはその話と一緒になって、姨捨山の伝説は私の耳にはいり、私の小さい心を悲しみでふくらませたようである。

私はその時五つか六つくらいではなかったかと思う。その話を聞いて縁側へ出ると、私は声を上げて泣き出した。その場所が何処であったか記憶していない。ただうろ覚えに覚えていることは、祖母だったか母だったか、とにかく家人が急に私が泣き出したことを訝《いぶか》って、縁側へ飛び出して来て、何か二言三言言葉をかけてくれたことである。私には勿論物語そのものは理解できなかったが、母を背負って、その母を山へ棄てに行くという事柄の悲しみだけが抽象化されて、岩の間から滴り落ちる水滴のように、それが私の心に沁《し》み入って来たのである。私は自分が、母と別れなければならぬという悲しみに耐えかねて泣き叫んだのである。

姨捨山の説話をはっきりと一つの筋を持った物語として受け取ったのは、十か十一の時のことである。当時十里程離れている小都市に住んでいた叔母から、時々絵本を送って貰ったが、その一冊に『おばすて山』というのがあった。

姨捨山の棄老伝説というものは、少しずつ細部が変って何種類か流布《るふ》されているらしいが、私が知っているそれは、全くこの絵本に依ったもので、それをなんら修正することなしに今日まで持ち続けている。絵本『おばすて山』が少年の私の心にいかに強烈な印象をもって捺印《なついん》されたかが窺《うかが》える。私が幼時聞いた物語の中で現在に到るもなお忘れないでいるものは、高野山に父を訪ねて行った石童丸の物語とこの姨捨山の物語である。共に親と子の愛別離苦をその主題としている。

後年大学時代、私は夏の休暇に帰省し、偶然土蔵の戸棚の中からこの絵本『おばすて山』を発見し、改めてこれに眼を通したことがある。最初の一頁の挿絵だけが着色され、他の頁にはそれぞれ凸版の挿絵がついていて、子供には幾らか難しすぎると思われる文体で、姨捨山の説話が書かれてあった。

昔信濃《しなの》の国に老人嫌いな国主があって、国中に布告して、老人が七十歳になると尽《ことごと》くこれを山に棄てさせた。ある月明の夜、一人の百姓の若者が母を背負って山に登って行った。母が七十歳になったので棄てなければならなかったのである。しかし、若者はどうしても母親を棄てるに忍びず、再び家に連れ戻り、人眼に付かないように床下に穴を掘って、そこに匿《かく》まった。この頃国主の許に隣国から使者が来て難題を持ちかけた。三つの問題を示し、これを解かなければ国を攻め亡ぼすというのである。その三つの問題というのは、灰で縄を綯《な》うこと、九曲の玉に糸を通すこと、自然に太鼓を鳴らすことというのである。国主は困って国中に触れを出してこの難題を解く智慧者を求めた。若者は床下に匿まっている母親にそれを話すと、母親は即座にそれを解く方法を教えてくれた。若者はすぐ国主のもとに申し出て、ために国の難を救うことができた。国主は若者の口から、それが老母の智慧であることを知り、老人の尊ぶべきを悟ってさっそく棄老の掟《おきて》を廃するに到ったという。

——こういった物語である。最初の着色してある頁には、烏帽子《えぼし》のような頭巾をかぶった若者が老いた母親を背負って深山を分け登って行くところが描かれてあった。母親は頭髪だけは白かったが、その顔はひどく若々しく、それが少し異様に感じられた。満月の光は木も草も土も辺《あた》り一面を青く染め、二人の人物の影はインキでも流したようにくっきりと黒く地上に捺《お》されてあった。粗雑な低俗な絵ではあったが、しかし、物語のその場面の持つ悲しみは、やはり、この場合も、絵柄の表面から吹き出していて、子供の心には充分刺戟的であろうと思われた。

ずっと歳月が飛んで、大学を出て新聞社へはいった初め頃、私は『姨捨山新考』という書物を手に入れて、これを読んだことがある。その頃、私はこれといってまとまったものを読む根気には欠けていたが、手当り次第、時々の気まぐれに雑多な書物に手を出していた。『姨捨山新考』という信濃郷土誌刊行会発行の一巻も、全くのその時の風の吹き廻しで私の書架の一隅に置かれたものであった。

私は、これを購入した晩、最初の方の極く一部に眼を通し、あとは興味を失って頁を閉じてしまった。しかし、この時この本を繙《ひもと》いたお蔭で、私は新聞記者としては何の役にも立ちそうもない姨捨山考証に関する知識の幾らかを自分のものにすることができたのである。

姨捨山の棄老伝説が初めて文献に現われたのは『大和物語』で、それは印度伝来の棄老説話と全く同工異曲であり、おそらく仏教の伝来とともに、この話も日本に伝わったものではないかということ。しかし、それは別にして太古にはわが国にも棄老の故実はあったに違いないということ。そして諸国に老人を棄てる説話は語り継がれていたが、それが信濃の姨捨山一つにまとめられ、他は全部消滅してしまったこと。そうしたことには恐らく姨捨が観月の名所として有名になったことが与《あずか》って力あったであろうということ。それからまた姨捨山そのものが、古代、中世、近代に依って、その対象を異にし、古代は小長谷山《おはつせ》、中世は冠着山《かむりき》、近代になって初めていまの篠井《しののい》線姨捨駅附近が、いわゆる姨捨山として登場して来たということ。こうしたことを、私はこの『姨捨山新考』の著者の労作に依って知ったのである。

それから更に数年経って、私はこの書物を全く異なった目的のために読んでみたことがある。この書物には史上に著われた歌人や俳人の姨捨山観月の作品が殆どあまさず収められてあったが、私は同じ更科《さらしな》の舞台で、同じ観月の歌を、著名な歌人や俳人たちがいかに取り扱っているかということに興味を持ったのである。見方に依れば多少意地悪くないこともない関心の持ち方であった。

俳句は『姨捨とはす草』とか『水薦刈《みこもがり》』とか幾つかの姨捨作品集より抜萃《ばつすい》されてあり、芭蕉、蕪村、一茶等々を初めとする多くの俳人たちの作品が集められてあった。和歌は各時代の歌集から姨捨に主題されたものだけが抜き出され、貫之、西行、実朝、定家、宣長等の名も散見された。

しかし、私が夥《おびただ》しい和歌や俳句の中で最も深い感銘を覚えたのは、『大和物語』の中へ出て来る、母を姨捨山に棄てて家へ帰って来た若者が、母の居る姨捨山の山の端《は》にかかる月を見て詠《よ》んだという「我こころなぐさめかねつさらしなや姨捨山にてる月を見て」という歌であった。これは物語の中の人物の詠草であり、歌そのものの巧拙は別にして、単なる観月の歌ではなく、その背後に一つの劇が仕組まれてあるものであった。

勿論、純粋な和歌の鑑賞からは問題はあろうが、いかなる姨捨観月の作品より、私にはこの物語の中の人物の詠んだ歌が切なく心に沁みた。幼時心に刻みつけられた説話の主題が、ここでは歌の形を通して私に迫って来るのであった。

私は実際には長いこと篠井線の姨捨駅も、その附近も知らなかった。この地方に旅行することはあったが、いつも夜にぶつかることが多く、昼間の場合は気が付かないうちに姨捨駅を通過していて、姨捨山という土地には縁がないままに過ぎていた。

その後、姨捨の棄老伝説が私の頭に蘇《よみがえ》って来る機縁を作ってくれたのは母であった。

母は何かの拍子にふと、

「姨捨山って月の名所だというから、老人はそこへ棄てられても、案外悦んでいたかも知れませんよ。今でも老人が捨てられるというお触れがあるなら、私は悦んで出掛けて行きますよ。一人で住めるだけでもいい。それに棄てられたと思えば、諦めもいいしね」

そう言ったことがある。母は七十歳だった。母の言葉はそれを聞く家人の耳には一様に皮肉に響いた。その座には私の弟妹たちも居たが、みなはっとして衝《つ》かれたような表情を取った。戦後の何かと物の足らぬ時でもあり、家族制度への一般の考え方もヒステリックな変り方を見せている時で、老人夫婦と若い者たちとの間に起る小悶着は、私の家庭でも決して例外ではなかったが、しかし表だってこれと言って母親に家庭脱出を考えさせるような何の問題もあるわけではなかった。おそらく母は、自分が姨捨の説話の世界では、丁度山に棄てられる七十歳になっていることに気付き、生来の自尊心の強さと負けん気から、その説話にと言うより、それに何か似通って来ている戦後の時代の雰囲気というものに瞬間挑戦する気になったのではないかと思われた。

子供の絵本に描かれてあった老婆のように、母親は髪こそ白いが、艶々した肌と皺《しわ》一つない若々しい顔を持っていた。私は暫く言葉もなく、その母の顔を見守っていた。生来老人嫌いの母であったが、今や彼女自身年齢から言えばれっきとした老人であった。私は、自分の老齢を意識し、それに反抗しようとした、そんな母が哀れに思われた。

信濃の姨捨というところが、私に妙に気になり出したのはそれからのことである。私はその頃から仕事の関係で旅行する機会が多くなり、信濃方面にも年に何回となく出掛けるようになったが、中央線を利用する時は、丘陵の中腹にある姨捨という小駅を通過する度に、そこから一望のもとに見降せる善光寺平や、その平原を蛇の腹のような冷たい光を見せながらその名の如く曲りくねって流れている千曲川を、他の場所の風景のように無心には眺めることができなかった。また信越線に依る時は、列車が逆に中央線から眺め渡した低い平原の一部を走るので、戸倉附近になると、窓越しに、僅かに屋根の赤さでその存在を示している姨捨駅を向い合っている丘陵の斜面に探し出し、その附近一帯を、あの辺りが姨捨なのかといった一種の感懐をもって、眺め渡すのが常であった。

勿論、私は観月の場所としての姨捨には殆ど関心らしい関心は持っていなかった。信濃の清澄な空気を透して、千曲川、犀川を包含した、万頃一碧《ばんけいいっぺき》の広野に照り渡る月の眺めはなるほど壮観ではあろうと思ったが、戦時中満洲の荒涼たる原野に照る月を眺めた私には、姨捨の月がそれに勝るものであろうとは思われなかった。

私が姨捨附近を通過する時、例外なく私を襲って来る感慨は、必ずその中に老いた母が坐っていた。ある時私は姨捨駅を通過する時、自分が母を背負い、その附近をさまよい歩いている情景を眼に浮べた。

勿論時代は太古である。丘陵の中腹から裾に点在している現在の人家の茂りは見られず、荒涼たる原野が広がっている。しかも夜で月光が絵本『おばすて山』の挿絵のように辺り一面に青く降り、私と母の影だけが黒い。

「一体、わたしをどこへ棄てようというの？」

と、母は言う。七十を過ぎて体全体が小さくなり、その体重は心細いほど軽いが、私はともかく一人の人間を背負って方々歩き廻った果てなのでひどく疲れている。一足歩く度に足許がふらつく。

「こちらにしますか。この辺に小さい小屋を建てたら――？」

私が言うと、

「厭、こんな場所！」

母の声は若い。体は弱っているが、気持は確《しっか》りしていて、生れ付きの妥協のなさは、自分が棄てられるこのような場合にも、いささかの衰えを見せていない。

「崖の傍では、雨の時山崩れでもしたら危ないじゃぁありませんか！　もっと気の利いたところはないものかしら」

「それがないんです。大体、お母さんの望みは贅沢《ぜいたく》ですよ。やはり、先刻《さつき》見た寺の離れを借りることにしたらどうですか」

「おお、いや、厭！」

母は背中で、わが儘な子供のように手足をばたつかせる。

「あそこは夏には藪蚊《やぶか》が多いと思うの。それに建物も古いし、部屋も暗くて陰気じゃぁありませんか。他人のことだと思って、不親切ね、貴方は」

私は途方に暮れてしまう。

「それなら、やはりいっそのこと家へ戻りましょう。こんなところに住むより、家へ帰って、みんなと一緒に賑やかに暮した方がどんなにいいか判らない」

「また、そんなことを言い出して！　折角家を出て来た以上、わたしは、家へだけはどんなことがあっても帰りません。またみんなと一緒になるなんてまっぴらですよ。家の者も厭、村の人も厭、もうわたしは老い先短いんだから、気のすむように一人で気随気儘に住まわせておくれ」

「わが儘ですよ、お母さんは！」

「わが儘ですとも。わが儘は生れ付きだから仕方ありませんよ。それにしても、わたしの顔さえ見れば、貴方はわが儘だ、わが儘だと言う。棄てられるというのに何がわが儘です」

「困ったな！」

「いくら困ったって、わたしは家へなんか帰らないから。早く棄てておくれ」

「棄てたくても、適当な場所が見当らないじゃないですか」

「見当らないのは探し方が悪いからです。一人の母のために、棄てる場所ぐらい探してくれたって罰は当りますまい」

「先刻から足を棒にして探しているじゃありませんか。私はふらふらしていることは知っているでしょう。一体、どのくらい歩いたと思います。当ってみた家だけでも十軒はありますよ」

「でも、わたしにはどこも気に入らないんですもの。大体、住めそうな家が一軒でもありましたか」

「だから家を借りるのは諦めて、気に入る場所を探し、そこへ私が小屋を建ててあげようと言っているでしょう。それを、どこへ行っても文句ばかり言って」

「文句だって言いますよ、老人ですもの。――ああ、ほんとに何処か一人きりで静かに住める場所はないものかしら。もっと親身になって探しておくれよ。――ああ、腰が痛いわ。もっと軽くふんわりと背負っておくれ。おお、寒くなった。月の光がちくちくと肌を刺すような気がする」

「暴れないで静かにしていて下さいよ。私も疲れているんです。お母さんは背負われているからいいが、私の方は背負っているんですからね。お願いです。やはり、家へ帰ることにして下さい。みんなもどんなに安心するでしょう」

「厭！」

またしてもぴしゃりと母は言う。

「厭でも知りません。こんなところを一晩中うろついていられますか。本当に私は帰りますよ」

すると、母は急に打って変った弱々しい声を張り上げる。

「堪忍しておくれ。それだけは堪忍しておくれ。どうか家へだけは連れ戻さないでおくれ。もうなんにも言いません。どんなところでも結構です。棄てておくれ。わが儘は言いません。あそこに小屋が見える。あそこでもいい。あそこへ棄てておくれ」

「あの小屋は先刻見た時隙間風が冷たいとおっしゃったじゃありませんか。それに雨漏りもする！」

「どうせ気には入らないが、でも、仕方がない。もう辛抱します。一軒家だから、その点は静かにのんびりと住めるでしょう」

「だが、あそこはやはりひどいですよ。子供として母親をあそこには棄てられません」

「ひどくても構わない。さ、早く、あそこへ棄てて行っておくれ」

そう母は言う。こんどはそこに佇んでいる私の体に、月光が刺すように痛く沁み込んで来る。

――私の眼に浮かんで来たのは、こうした私と母との一幕である。私と私の背に負われている母との会話は自然にすらすらと私の脳裡に流れ出て来たものである。母はわが儘であるが、その表情には真剣なものがある。棄てておくれ、棄てておくれと言っている母のせがみ方には、ある実感が滲《にじ》み出ている。

私はわれに返ると、空想の中の母に、いかにも自然に母らしい性格が滲み出ていることが可笑《おか》しかった。姨捨を舞台とした私の空想の一幕物は、例の棄老説話の持つ主題とはかなり遠く隔たっていた。私の場合は母自らが棄てられることを望んでいるからである。棄てられたいと言い張って諾《き》かないのである。私はそんな背の母を持て余して、姨捨の丘陵地帯をさまよい歩いているのであった。しかし、その可笑しさとは別に、自分の心のどこかに氷の小さい固塊《かたまり》のようなものが置かれてあるのを私は感じた。可笑しさが消えると、それに代って、冷んやりした思いが次第に心の全面に拡がって来そうであった。

私は自分が棄てられたいとせがんでいる母を想像したことが厭であった。寧《むし》ろ自分が母を棄てようとしている場面を想像する方が、まだしも気はらくであるかも知れなかった。

それにしても、私はどうしてそんな母を想像したのであろうか。私は長い間そのことを考えていた。そして私は私の背の上に、母に代って自分を置いてみた。私が老人になったら、今空想した母のように或いは自分はなるかも知れないと思った。

この夏私は九州の北部の、遠賀《おんが》川《がわ》に沿った炭坑町へ講演に出掛けて行き、その町の旅館で二年ぶりで妹の清子に会った。

清子は私の四人兄妹の末の妹である。戦時中結婚して二児を儲けたが、事情があって、夫と子供を置いて婚家を飛び出し、一時実家である私の両親の許に帰っていたが、こんどは、自活するということを理由にそこを飛び出していた。

私は小さい時から兄妹中でこの妹が一番好きだったが、妹の勝手な行動には許せないものを感じていた。絶交とか絶縁とかそんな表立ったものは何もなかったが、清子の方も持前の敏感さで私の気持を察しているらしく、家を出てからは私のところへは一本の手紙も寄越さなかった。私の方も清子が北九州で働いているということ以外何も知らなかった。

しかし、私は九州へ旅行すると決った時、妹に会って来ようと思った。そして東京を発つ前に、母から住所を聞いて、電報で会いたい旨を連絡して置いたのである。私は清子が訪ねて来るかも知れないし、来ないかも知れないと思った。

その夜、講演会場から旅館へ戻ると、部屋の隅の縁近いところに妹は予想していたより明るい顔で、小ざっぱりした身なりをして坐っていた。グレイのスカートを穿《は》き、純白の毛糸のセーターを着、髪は流行のショートカットで、実際の年齢は三十四歳なのに、一見すると二十四、五歳にしか見えなかった。

「とにかく食べるだけは食べていますわ。贅沢はできないけど」

清子は言った。遠賀川の河口近い海岸の町の飛行場の内部にある美容院が、彼女の現在の職場であった。そこで清子は二十歳前後の娘たち何人かと、自分が何となく頭株のような恰好で、他国の女たちを客にする仕事に従事しているのであった。

私たちは久しぶりで会った兄妹としてそれにふさわしい口調で話した。彼女の破鏡についても、その後の行動についても、私は兄としての立場から言うべきことは沢山あったが、それには一切触れなかった。すべては、今更どうなる問題でもなかった。二人の子供まで残して家を飛び出したくらいだから、彼女には彼女なりの覚悟もあり、考え方もあると思われた。

話題には自然両親や兄姉の事ばかりが選ばれた。

「おふくろは相変らず姨捨だよ」

と私は言った。

姨捨という言葉は、母が姨捨に棄てられたいと言った時以来、時々兄妹の間では使われていた、子供たちには便利な言葉であった。実際に母が姨捨に棄てられたいと言ったことはいかにも母らしいことで、その性格のいいところをも、悪いところをもそれは端的に現わしていた。従って、姨捨だよという言葉の中には、母の自尊心や気儘や気難しさへの軽い非難と、反対にそれらを肯定する子供たちだけに通ずる母への労《いたわ》りの気持も含まれていた。

清子は私の言葉で一瞬可笑しさを噛み殺したような表情を取ったが、

「姨捨と言えば、わたし、母さんはあの時、本当に姨捨山に棄てられたいと思ったのではなかったかと思うわ」

と言った。

「どうして？」

「なぜか、そんな気がしますの。本当に一人きりだけになって、一切の煩わしいことから離れ、心から、どこかの山の奥へ棄てられたかったのではないかしら」

「よせよ」

思わず私は言った。清子の言い方に何となく、こちらをはっとさせるようなものがあったからである。

「前から、君はそんなことを考えていたのか」

「いいえ、たった今です。兄さんが姨捨という言葉を出した時、ふと、わたし、そんな気がしたんです」

私は、いつか自分が母を背負って姨捨附近を歩いたあの空想の一場面を想い出していた。そしてあの時感じた冷んやりした思いが再び自分を襲って来るのを感じた。

それから清子は暫く考えるようにしていたが、

「わたしだって、家を飛び出す時は、そんな気だったんです。何というか、こう、急に一切の煩わしさから離れて一人になりたくなっちゃって——」

「姨捨へ捨てられたかったのか」

「まあね」

「若い婆さんだな」

「七十には間があるけど」

それから、清子はその時だけ暗い表情で笑った。自分の行動をそれとなく弁解しているようにも受け取れたが、またそれはそれで彼女の気持は全く別のところにあるかも知れなかった。

私は彼女が置いて来た二人の子供については何も話さなかった。彼女もそれについて触れたかったであろうが、それに耐えている風であった。

清子が子供のことが心配だと言えば、私は、そんなことは当然だ、初めから判っていたことではないか、と言うほかはなかった。それを私も清子も知っていた。

その晩二人は枕を並べて眠った。いかにも炭坑町の旅館らしく、建物は幾棟にもなっていて、どこか遠くの部屋で、宴会でも開かれているのか、三味線の音や男たちの高声、女たちの嬌声などが遅くまで聞えていた。

翌朝、私は電車で一時間かかる場所へ帰って行く妹を、その町の駅まで送って行った。早朝だというのに、すでに街は埃っぽく、人々は大勢出歩いていた。人口六万の都市だというが、宿の女中の話では絶えず増減があり、郊外のそれを併せると倍近くになるだろうということだった。いかにもそうした街の持ちそうな落着きなさが、道の両側の商店のたたずまいにも通行人の足の運び方にもあった。豆炭工場の煙突から出る煙が空をどんよりと曇らせている。

私は行手に大きい三角形のボタ山が二つ見えている通りを妹と並んで歩いた。清子は自分がこれから乗る電車の沿線にも同じようなボタ山が幾つも見えると語った。

駅へ着くと改札口のところで、

「東京へ帰りたいけれど、当分はね」

清子はそんなことを言って、ちょっと淋しそうに笑った。

「同じ働くなら東京でもいいじゃあないか」

「でも」

意味不分明な表情を取ったが、

「もう暫くここで働いて技術を身に着けますわ。技術を身に着けるということから言えば、相手が外人だからここがいいと思うんです」

技術の習得の問題はともかくとして、清子は恐らく自分が出て来た家から少しでも離れて住んでいたい気持であろうと思われた。

「ひどく叱られるかと思って、びくびくもので来たんですけど、来てよかったわ」

「叱りはしないよ。叱ったって取返しはつかんじゃないか」

「これからお手紙出していいですか」

「いいも悪いもないだろう」

「では」

清子は擦り抜けるように改札口を通り抜けると、右手を上げて、掌だけをひらひらさせた。少女のようだった。苦労している女の仕種《しぐさ》ではなかった。

同行の連中とこの町を出発するまでにまだ二時間近くあったので、私はメインストリートを通り抜けて町端れまで散歩した。料理屋と旅館とパチンコ屋がやたらに多くて、そればかりが目に付いた。私は昨日この土地の人から、この町の下が坑道になっているので、時々地盤が陥没して家が傾くということを聞いていたので、注意して歩いたが、それらしい家にはぶつからなかった。ただ、町の端れになると大小の水溜りがあちこちに見受けられた。あるいは、これこそ地盤が陥没して生じた窪地ではないかと思われた。

私はこうした筑豊の炭田地帯がずっと北方に海際まで続き、その海際の飛行場の中の美容室にいま妹は帰りつつあると思った。

妹は姨捨山に棄てられたいと言った母の気持に彼女らしい見方をしていたが、考えてみると、彼女こそ九州の炭田地帯の一角で、人工の不自然さを持った石炭殻の姨捨山の上に出る月を、二ヵ年近くも眺めて過しているわけであった。

私はふと足を停めた。昨夜清子と話してから何か考えなければならぬことがあるような気がして、落着かない気持だったが、この時、その考えなければならぬということの正体が突然はっきりした形で私の脳裡に閃《ひらめ》いた気持であった。

母を一瞬襲い来たった姨捨へ棄てられたいといった思いは、紛れもなく一種の厭世観と言えるものではないか。そして清子の、その理由は何であれ、常人では為《な》し遂げられぬ家庭脱出もまた、母のそれと同質な厭世的な性向が幾らかでもその役割を持っていはしないか。

そう思った時、私はまた弟の承二のことを思い出していた。

終戦三年目のことであった。当時一流新聞の政治部に勤めていた承二が、或日私のところへやって来て、夕食を食べて帰って行く時、バスの停留所で、

「僕は新聞社が急に厭になったんですよ。もともとこうした仕事は性に合わなかったが、それが最近堪《たま》らなく厭になったんです。もっと人との交渉の少ない仕事へつくづく変りたいと思いますね」

承二はこう言った。承二はどちらかと言えば友達づきあいのいい明るい性質で、一応新聞記者としては優秀だと見られていただけに、突然自分の心の底を開いてみせたようなこんな言い方は私を驚かせた。しかし、私はその時弟は実際にいま新聞社というものが嫌いになっているのだろうと思った。そして確かに弟は小さい時からそうしたものを持っていたに違いなかったと思った。

「そんなに嫌いだったら、やめて商売替えしたらいいじゃないか」

「そうしたいんです、本当に」

「そうしろよ。まだ若いんだから――」

私は寧ろそのことを彼に勧めるように言った。無責任な気持からではなく、そうした言い方しかできないようなものを、その時の弟は持っていた。

承二はそれから二ヵ月程して正式に新聞社を退いて、妻の実家のある、地方の都市に

帰って、その土地の小さい銀行に勤めた。私には彼が突発的に私に示した人間嫌いとでも言うべき性格にとっては、地方の小銀行もまた新聞社とたいして変りはないであろうと思われたが、ともかく承二は今日までそこで働いている。

承二の場合も、大勢の人間がひしめき合っている社会から急にすうっと身を退きたくなったことは、母や妹と同じ心の動き方ではなかったか。そういう人間嫌いの血は私の家の総ての者の体の中を流れているものではなかろうか。突然自分の境遇から脱出を試みたもう一人の人間を私は母方の親戚の中に持っている。

母のすぐ下の弟——といっても、現在は六十歳を越えた叔父であるが、彼もまた突如己が転身を実行した人物であった。土木会社の社長という一応成功者としての地位を築いたにも拘らず、終戦直後彼はこれと言った理由なく、自分からそこを退いていた。まるで矢も楯も堪らなくなって飛び出すといったような、そんな辞任の仕方だった。小会社の社長では食べて行かれないとか、従業員との対立が厭になったとか、その時々に叔父は尤もらしい理由を語ったが、外部から見ると全く理解に苦しむ態度であった。もしそれを最も納得行くような形で解釈するなら、それは彼が自分を取り巻く環境に嫌悪の情を覚えたとしか考えられなかった。叔父は、その後薬種商、雑貨屋と、小さい資本で二、三の商売を始めたが、どれも決してうまく行っているとは言えなかった。母に似て自尊心の強い人柄なので、一言半句の不平も言わないが、見ていて痛ましい感じがした。

こういう私自身、体の中にそうした血を持っていないとは言えなかった。清子にも承二にも無意識のうちに、ある共感を感じていたし、叔父の、一見理解にも苦しむ転身に対しても、私なりの理解の仕方をしていた。彼等が、そうしないよりも、そうした事に於て、私は彼等が好きなのであった。

私は、街を外れ、炭坑住宅が並んでいる一郭を歩き廻りながらそんなことを思い続けていた。

私が実際に姨捨の土を自分で踏んだのはこの秋のことである。仕事で志賀高原に出掛けて行った帰りにふと姨捨という土地を訪ねて見る気になったのである。信越線の戸倉駅で下車したのは夕方で、その晩は戸倉の温泉旅館に泊り、翌日自動車《くるま》を頼んで、姨捨駅へと向った。

自動車は戸倉の町を出ると暫く千曲川に沿って下流へ走ったが、途中から小さい丘陵へと登って行った。

「雨が降らんといいですがね」

と、中年の運転手は言ったが、空は一面曇っており、時雨《しぐれ》でもやって来そうな薄ら寒い天候であった。

自動車の行く途中の山はすっかり紅葉していた。楢《なら》、櫟《くぬぎ》などが、まるで燃えているような赤さで、自動車の前後を埋め、ところどころに松だけが青かった。

部落を二つ三つ過ぎた。どれも更級《さらしな》村に属する小部落だった。部落にはいると、どの家の傍にも畑があり、畑には大根や葱《ねぎ》などが植わっていた。

羽尾という部落を過ぎるとき、道の前方を五、六人の老婆が歩いていたが、彼女らはいっせいに立ち停って自動車を避けた。

「お婆さんが多いね。棄てられたんじゃあるまいね」

私はそんな冗談を言った。

「まさか」

運転手は言って、

「この辺に棄てられれば、いくらでも帰って行かれますよ」

「昔はこの辺でも淋しかったろう」

「淋しい道に違いなかったでしょうが、里に近いからこんなところへ棄てても駄目ですよ。いまはこの辺一帯を姨捨って言っていますが、本当の姨捨山は冠着山です。ここからは見えませんが、いまにすぐ見えて来ますよ」

と言った。運転手の言う冠着山は和歌で知られている中世の姨捨山だった。

「小長谷山というのは？」

私は訊いてみたが、この上古の姨捨山については、運転手も全然知らないらしかった。

あるいは現在別の呼称でよばれているのかも知れなかった。

三十分程で、自動車は姨捨駅に着いた。駅前の広場で下車すると、運転手に案内されて、駅の横手の道を観月の名所として知られている長楽寺の方へ降りて行った。汽車の窓から何回となく眺めた風景の中へ、私は一歩一歩あゆんで行った。

眼にはいる山野はどこも紅葉していた。

かなり急な勾配を先に立って降りながら、運転手は忘れていたことを思い出したように振り返ると、

「あれが冠着山ですよ」

と教えてくれた。中腹に駅のある丘陵の向うに重なるようにして、冠着山は山巓《さんてん》を雲に包まれたまま、その山容の一部を現わしていた。姨捨伝説の姨捨山であるかどうか知らなかったが、とにかくその冠着山というのは、ちょっとやそっとでは登って行けそうもない遠い高い山であった。母も、もしこの山を見たら、冗談にもこの山に棄てられたいとは言わないであろうと思った。

しかし、私はすぐ思い直した。私は勝手に自分の姨捨山を想像し、母を背負ってそこを彷徨する自分を脳裡に描いたりしていたが、母は母であるいは私とは全く別に、この冠着山のような急峻な大山を姨捨山として想像していたかも知れないと思った。

そもそも姨捨山というものがこのような山である筈であった。清子が身を投じた姨捨

山も、あるいはまた承二のそれも、考えてみれば確かにいま自分が歩いている紅葉に飾られたなだらかな丘陵より、嶮峻な冠着山の方にずっと近いに違いなかった。

坂道を降りて行くと、そのうちに大きな石の詩碑が丘陵の斜面に幾つかかたまって立てられてあるのが見られた。石の面の文字は消えているので、古いものか、新しいものか判らなかったが、ここから見た明月を賞した歌や俳句や漢詩などがそこには書きつけられてある筈であった。

道を降って行くに従い、更に幾つかの詩碑が斜面のあちこちに立っているのが見受けられた。これらの碑が月光に照らされているところを想像すると、なぜか風流といったものとは凡そ縁遠い不気味な感じだった。

やがて道は自然にそれ自身断崖を形成している巨大な岩石の上に出た。姨石と呼ばれている石であった。棄てられた老母が石になったものだという。この石もまた不気味だった。が、その石の上に立ってみる善光寺平の眺望は美しかった。平原の中央を千曲川が流れ、黄一色の平野のあちこちに部落がばら撒《ま》かれ、千曲川を隔てて真向いの山はこれもまた紅葉で燃えていた。

姨石の横手の急な石段は血のように赤い小さい楓《かえで》の葉で埋り、石段を降り切った長楽寺の狭い境内は黄色の銀杏《いちょう》の葉で埋っていた。

長楽寺の庫裏《くり》にはその前に子供が数人遊んでいるだけで、声をかけても内部からは誰も出て来る気配はなかった。

私たちは観月堂の小さい建物にはいって、そこで休んだ。奉納の額や絵馬の面は長い年月のために全部消えていた。それらは何枚かのただ白い古びた板であった。

「月より紅葉の方がよさそうですね」

と、運転手が言ったのは、私もまた同じ思いを持った時であった。

平原の一角が急に煙ったようになり時雨がやって来る音が聞えると思っている間に、私たちの居るところにも雨粒が落ち始めて来た。私たちはそこを離れた。

その夜は私はもう一晩戸倉の旅館に泊った。そして私は清子にやはり東京で働いてはどうかという手紙を認《したた》めた。夜半から時雨は烈しい雨に変った。

駅の花・駅の顔

岡田喜秋

一

駅は単なる建物ではない。無人の駅にも、生活がある。人声は聞えなくても、じつは、人声がひそんでいる。

「停車場」という呼び方は少々古めかしく思え、「駅」とちがって、「ステーション」とカナをつけて読んだ時代を思い出す人もあろう。

今でこそ、駅前には町があったりするが、最初にレールが敷かれた状態を思えば、そこには、プラット・ホームしかなかったところも多いだろう。やがて駅舎が出来た。人の乗り降りが多くなれば、連結された列車がつくようになる。やがて、ホームに屋根がつけられてゆく。改札の傍らに待合室があれば、駅の雰囲気が出来上る。

今でも、北海道のローカル線には、ホームしかない駅がある。

ふるさとの訛なつかし
停車場の人ごみの中に
そを聴きにゆく

石川啄木がうたったこの停車場のイメージは、明治時代であっても、すでにホームだけではなく、駅舎はもちろん、待合室までそなえた駅を思わせる。それは上野や函館といった駅にかぎらない。地方に生まれ育った人にとっては、それぞれの人に、郷愁の駅があるにちがいない。

啄木が、とくに駅の雰囲気を好んだとは思えないが、彼は、駅やホームを人一倍感じとっている。彼の残した三行詩のなかにもそれがうかがえる。

汽車の旅
とある野中の停車場の
夏草の香のなつかしかりき

こんな実感は、ある地方にかぎらない。「とある」という表現は、すべての人にとって共感をよぶのである。小さな駅ならどこでもいい。おそらく夏ならば、誰でも感じる旅情だ。それは、自分が車中の旅人であってもいい。とある停車場のホームに坐って待っているときであってもいい。偶然停車したときに感じる旅情だとすれば、それは三十秒ほどしかないかもしれない。しかし、三十秒が永遠の実感につながるのである。

ある人にとっては、レールにそって咲いていた月見草を思い出させるかもしれない。北海道の夏の海辺ならば、あの真紅のハマナスを思い出す人もあるかもしれない。夏草のなかに、点々とある紅や黄色の花。それがあれば、とある停車場の印象は、きわだって鮮明にちがいない。

しかし、日本の夏は、しばしば、夏草のつよい匂いに、数少い花の芳香もかき消されてしまう。それは、「草いきれ」とよぶ日本独特の匂いである。しかし、それがじつは、日本の夏の大地の香りだとも言える。

それにしても、とある駅の、屋根もない野ざらしのホームで、花壇に花が植えられているのをみるのはいいものだ。春はチューリップ、秋は菊だ、はいいたくない。そんな園芸種の花ではなくて、その駅のある土地の付近に咲く、ごく平凡な花を植えてある駅の方が、かえっていい。秋ならば、よくつくられた菊よりも、コスモスがいい。コスモスが一メートル以上に伸びて花を並べ、少し頭を重そうにかたむけて、二本、三本と交叉しながら、花弁をふるわせているのをみるのはいい。

コスモスの花には、不思議にバタ臭さをかんじさせないところがいい。実際は、メキシコが原産の非日本的な花だが、何と、日本の秋によく似合うことか。とくに、ローカル線のホームによく似合う。

それは特定の駅のコスモスにかぎらない。空が青い日がいい。出来れば、あまり風のつよくない日がいい。花の色は、濃いピンク四、五本に、出来れば白が一本。五対一で濃い桃色の花があれば、コスモスは忘れられない駅の風物詩である。

ある駅では、駅員が花壇に水をやっていた。それが初夏のことだと言えば、どんな花を思い出すだろうか。それはサツキであった。それは駅長の趣味を思わせた。この駅のホームにも、屋根はなく、太陽光線は惜しみなくそそいでいた。

せっかく与えてくれる太陽のめぐみを防ぐように、なぜ人は駅に屋根をつけてしまうのだろう。そのときも、私は感じた。ホームが二つ、三つとあって、屋根ばかり目立つ大きな駅よりも、野ざらしの一面しかない「島」ホームの駅はその上にひらいた空が魅力だ。

その駅のサツキは、見事だった。数は多くはなかったが、駅長の丹精のほどがしのばれた。その白い花のあつまりは、列車を待つ人の目をひいた。

夏のホームの印象のなかで、とある駅の二本の白樺が印象的だったこともある。その肌の白さと、さして太くない幹のかんじが好ましく、加えて、背景に人家のない地平線がその存在をひき立てていたからだ。それは、北海道や信州といった特定地方の駅でなくてもいい。白樺の樹が駅長の挨拶の代りのように思えることがある。白樺の葉は風にそよぐと、ちょっと人間的な感じがして、さらに印象に残るのである。

列車が一日に数えるほどしか通らない地方の駅では、ホームの上の花が、それを見る人を待ちこがれているようにさえ思える。小さな駅では、数人の駅員が、駅長ともども、家族的に勤務しているが故に、自分の家の庭や官舎に植えた花を、駅に移植したりしている。自分の家族同様に、ホームの花をそだてている。

ある中年の駅員は、こう答えた。

「半農半鉄ですよ」

駅の勤務が非番のときは、ウチで農業をやっている。花を育てることは、半ば本職なのだ。ホームに花が咲くわけである。

春に偶然見た駅の花が、夏には、ちがっていた。秋には、また別の花が咲いていた、ということもある。ホームの花の記憶が、ある駅の印象と重なることがある。そんなとき、まだ、あの駅には、サツキが咲いているだろうかとか、コスモスが咲いているだろうか、などと、想像するのも、私にとってはひとつの旅情である。

二

駅の建物には「顔」がある。それは、ある町にとっての「顔」でもある。ことに戦後は、郵便局や電話局が、全国どこでも同じような設計の建物になってしまったために、一部の地方の駅のすがたが、個性的に見えることがある。

月並みでない駅舎といえば、まず東京駅だという人もあろうが、小さい駅には、郷愁をかんじさせる建物がまだかなりある。県庁所在地級の町の駅が、もっとも画一化しているが、なかには設計者の人柄がしのばれる駅もある。そんな駅を語ってみたい。

たとえば長野の駅は、善光寺の門前町にふさわしいすがたをしている。お寺そっくりである。奈良も、国鉄の駅は、いかにも古都にふさわしい建物だ。京都の二条駅も、まったく寺と見間違うばかりの造りである。

お寺と呼応して、神社そっくりにつくられた駅もある。出雲大社の下車駅、大社の駅。越後の日本海にちかい山上にある弥彦《やひこ》神社への下車駅――弥彦の駅。ここは戦後、神社そっくりの造りに変えた。

神社とお寺。この二つは、日本人の古来の旅先である。その存在があるために、そこへゆく人のためにレールがつくられたケースも多い。日光線がそうだ。成田線もそうだ。身延線もそうだ。四国の金刀比羅もそうだ。

意外なところに、そんな神社めいた駅を発見したのは、南紀の那智であった。考えてみれば、ここは、有名な那智の滝そのものが御神体であったと気づいた。滝の前には、もちろん神社があった。そこへゆく玄関口のような駅である。月並みな駅でないのは、当然の配慮であったかもしれない。

山中の駅には山小屋風なつくりを見せているところがある。「奥多摩」がそうだ。ここは東京の地平線にひそむ渓谷美を前にしている。ここからは雲取山へ登れる。いや、ハイキングコースが四方につくられている。そんな下車駅にふさわしく、この終着駅は、山小屋風である。

山中の駅はすべて、こんな雰囲気を持っていてほしいと思うが、そうはいかない。奥多摩を走る青梅線の駅が、この終着駅にかぎらず、御岳でも川井でも、ひとしく山にふさわしいムードをもってつくられているのは、この線が、最初から国鉄ではなく、私鉄だったからである。このレールを最初に敷いた会社の社長のセンスかもしれない。

今でこそ国鉄だが、戦前は私鉄だったローカル線がある。そんな線のなかには、意外に、あかぬけした駅舎がみられる。たとえば、これも信仰の山あってのレールのひとつ、身延線の東花輪などは、甲府盆地の一隅で、旅行者が乗降する機会もないような小駅だが、心に残る。それはおそらく、かつて私鉄時代だった頃の名残りである。駅の「顔」には、経営者の心がしのばれることがある。

北海道には、開拓時代を象徴するような日本ばなれした駅舎が数々ある。東京駅がオランダのアムステルダムの駅を模したように、明治の洋風建築といってもいい駅舎が一時、次々とつくられた。しかし、北海道の駅は、北大がクラーク博士の人生観をうけついだように、駅舎のスタイルも、アメリカの開拓精神を反映していた。

手稲の駅は、まさに山小屋風であった。幌内線という炭鉱地帯にひかれた線上の駅も、申し合せたように、すべてしゃれた洋風であった。それは九州の門司港駅の見せる洋式ムードと双璧であった。北と南のちがいはあっても、同じ炭鉱地帯には、共通したパイオニア精神が打ち出されたというべきだろう。炭鉱地帯といえば、筑豊の山間にある香春《かわら》の駅も一度見たら忘れられない。この駅の屋根は銅葺である。駅の柱はケヤキである。この日田彦山線も、開通当時は、会社線で、それをつくった社長のセンスが反映しているのであろう。

かつて、北九州の玄関口であった門司港の駅は、今でもけっして古くさくない。それは今日でも稀少価値だ。北九州市とよばれる戦後は、門司港駅の存在も年毎に影がうすくなり、話題にならないが、門司とはちがう門司港の駅は、かつて関門連絡船のあった時代には、北海道の函館に匹敵する九州の入口そのものであったのだ。

個性ある駅舎。それが年毎に少くなってゆくのはさびしい。駅は町の「顔」であると同時に、旅行者にとっても、その町の印象を決定づける「玄関」であり、出口でもある。その事実を知って、心ある人は、明治時代に、ちゃんと、個性ある駅をつくった。今日では、建築もユニット方式が合理的とされ、駅舎にかぎらず、全国どこでも同じ設計のものをつくりたがる。

それだけに、偶然、旅の折に乗り降りした駅のすがたが、独特だと、忘れ得ぬ旅情をかんじさせてくれる。あの北海道の川湯の駅がそうだった。それはまるで、童話の絵本のなかに出てくる建物のようであった。傾斜の急な三角屋根と赤い色彩。それは北海道の数ある駅のなかでも、いかにも摩周湖の入口にふさわしい駅舎であった。

駅舎はバスの停留所とはちがうのである。駅舎は個性をもつべきだ。それは駅前広場にも言える。戦後はやりの大きな「民衆駅」は、月並みすぎる。どこでも同じだ。夜など降りると、間違えてしまうほど駅の構造まで似ていることさえある。

しかし、駅は、町の「顔」だ。没個性であってほしくないと思うのは、私ひとりだけではあるまい。

「駅」への招待　編者解説エッセイ

芦原伸

日本にはJR、私鉄をふくめると約六〇〇〇の駅がある。大都会のターミナル、あるいはローカル線の小駅、辺境の無人駅と、駅はさまざまな表情をもっている。規模や機能はそれぞれ違うが、旅の舞台としては、やはりローカル線の鄙《ひな》びた駅が魅力だ。

駅を舞台にした文芸作品や映画は数多い。『雪国』（川端康成）、『点と線』（松本清張）、『塩狩峠』（三浦綾子）、『鉄道員《ぽっぽや》』（浅田次郎）、映画では『駅STATION』（降旗康男監督・高倉健主演）、古くは『終着駅』（デ・シーカ監督、モンゴメリー・クリフト主演）など枚挙にいとまがない。

駅は別れと出会い、人生の転変が交錯する場所だからだ。

太宰治（一九〇九—一九四八）は津軽に生まれ、上京して流行作家として成功し、『斜陽』『人間失格』など人間の自意識の崩壊を描いたデカダンス作家としていまも根強い人気がある。ここで選んだ短編の「列車」は〝鉄道アンソロジー〟の類書には必ず選ばれる定番作品で、文中の梅鉢工場、C51形蒸気機関車、列車番号一〇三、スハフ134273……などという専門用語は、鉄道を知っている者しか使えず、そういうところから太宰治は実は相当な〝鉄ちゃん〟ではなかったか、と想像する向きもある。

梅鉢工場とは大阪府堺市にあった梅鉢鐵工所のことで、鉄道省の客車製造工場だった。のちに梅鉢車輌、帝國車輛工業と改称し、昭和四三（一九六八）年に東急車輛製造（現・総合車両製作所）と合併している。

C51形蒸気機関車は大型旅客用テンダー機関車で、お召列車（天皇家専用）にも使われた気品のある名機である。列車番号とは、「のぞみ」とか「ひかり」とかいう列車名とは異なり、全列車につけられた番号（上りは偶数、下りは奇数）で、ちなみにこの時代、列車番号「一」は特急「富士」（東京〜下関間）の下り、同「二」は同じ特急「富士」の上りであった。

スハフは車両形式記号で、ちなみに「ス」は車両の重量で三七・五〜四七・五トンの標準的な重量。「ハ」は三等車（「イ」は一等車、「ロ」は二等車）、「フ」は緩急車で車掌付き客車の意味である。

この作品が発表された昭和八（一九三三）年は満州事変の二年後で、日本が国際連盟を脱退した年である。中国との一五年に及ぶ戦争のさなかにあり、いよいよ戦雲が重くたれ込めるころだった。

太宰は一時プロレタリア革命をめざし左翼活動に入るが、まもなく転向した。上野駅で列車に乗った兵士の姿を見て、さぞや複雑な思いだったろう。この短編は友人の恋人だった女性を友人の代わりに妻と上野駅で見送るというものだが、はるばる上京した女性を裏切った友人への不快な思いと妻の気の利かなさにひとり閉口しながら、当時の上野駅の雑踏や重い時代気分を鋭く表現している。

上野駅の東北本線、常磐線の混雑は戦後もながらく続き、昭和四〇年代でも青森行きの夜行列車は「はくつる」「ゆうづる」「津軽」などが一時間おきに発着していた。

太宰の作品には鉄道ものが少なくない。「たずねびと」は故郷の津軽を訪ねる話、「故郷」は上野駅から青森に向かう旅の途上の話だ。太宰の故郷に対する思いは去りがたく、それは最終的に「津軽」で結晶した。


太宰治と同世代の作家、**井上靖（一九〇七―一九九一）**の「姨捨」は昭和三〇（一九五五）年の掌編である。井上靖は京都帝大を出て、大阪毎日新聞の記者となり、戦後作家として独立した。『黯《くろ》い潮』『氷壁』など人間の心の葛藤を描き、注目され、やがては『敦煌』『天平の甍』『蒼き狼』など雄大なユーラシア世界を俯瞰しながら、そこに息づく歴史人物を描いて大家をなした。

『姨捨』は幼いころから脳裏から消えない棄老伝説を探るため篠ノ井線の姨捨駅を訪ねる物語で、母、妹、弟の一族の血ともいうべき〝遁世の志〟〝人間嫌い〟の心を探ったものである。

姨捨伝説のもとは中国と言われ、全国に伝わるが、信州更級の姨捨山はとりわけ観月の名所として知られ、松尾芭蕉、西行はじめ多くの歌人や俳人が訪れ、歌を詠んでいる。

篠ノ井線の姨捨駅は、姨捨山とも呼ばれる冠着《かむりき》山の麓にあり、眼下に千曲川と善光寺平を見下ろし、河岸段丘に広がる棚田が一望に見渡せる絶好のロケーションだ。かつて国鉄時代に「日本三大車窓風景」なるものがあり、狩勝峠（北海道・根室本線）、矢岳越え（九州・肥薩線）とこの信州篠ノ井線の姨捨が三大名所に選ばれていた。

篠ノ井線の姨捨駅はすでに無人駅となっているが、ヒュッテ風の趣のある木造駅舎で、眼下の眺めも素晴らしく、ホームのベンチが通常の線路側ではなく、善光寺平を見渡せる反対側に向いているのはうれしい限りだ。

昭和四〇年代には三両の蒸気機関車が連なって、急峻な冠着峠を越えた。またここがスイッチバック駅になっているのも、鉄道ファンには見逃せない。

駅構内には灰で縄をなうこと、九曲の玉に糸を通すこと、自然に太鼓を鳴らすことの三つの知恵を授けた老婆にちなみ、灰と玉、太鼓が飾られてある。無人駅となっても人の訪れが絶えないため、地元のボランティアの人たちが掃除をしたり、アイデアを出したりして、駅を守っている心に信州という土地柄を感じてしまう。

——我こころなぐさめかねつさらしなや姨捨山にてる月を見て

作家はこの『大和物語』のなかの歌に感銘を受けている。母を姨捨山に棄てて家へ帰って来た若者が、山の端にかかる月を見て詠んだ歌だ。

親族が現世から離脱して孤独な道を選んだのは、敢えてこの急峻な冠着山の道をゆくようなものだった。なぜそんな苦難を背負ってゆくのだろうか、作家は一族に流れる暗い血を呪いながら、ひとり紅葉の美しい景色を眺めている。

ローカル線の駅には明るい表情もある。

とくに初夏の山間部の小駅など、空気がさわやかで、山々の緑はまさに〝万緑〟。原色の青空が広がり、天然の画廊の中にいるような気分だ。

岡田喜秋（一九二六―）は長らく『旅』誌（当時・日本交通公社出版事業局）の編集長として活躍し、公私ともども旅に生涯を送った人だ。一方、名文家としても知られ、エッセイ、紀行文を数多く上梓している。

「駅の花・駅の顔」は名もない駅に植えられた花に関して書かれたエッセイだ。作家は花壇に飾られたバラや菊よりも野ざらしのホームの傍に何気なく咲くコスモスや月見草に心を奪われる。雑草の草いきれを日本の夏の大地の香りとして受け入れる。

本作が書かれた昭和五七（一九八二）年にはすでに蒸気機関車の引く客車はなくなっているが、ローカル線ではキハ58系やキハ40系（キは気動車、ハは普通車の意味）の古い気動車が活躍していた。列車の窓は自由に開閉でき、夏の日には野辺の涼しい風が入ってくる。そんなとき、島式ホーム（単線でのすれ違いのためにホームが島のようにつくられている）のあるローカル線の駅では、列車交換（すれ違い）の待ち時間をぼんやりと過ごすことが多かった。ホームに植えられた花々に目が移り、作家はひとり旅情を感じている。

ホームに何気なく咲く花を眺めていると、そこには駅長や住民の花をいつくしむ心や世話をしながら話し合う声が聞こえてくる。それが暮らしの中にある駅の存在感だ。

平成二三（二〇一一）年の東日本大震災では多くの駅が流され、駅は消滅し、新たにバス停になった箇所も少なくない。しかし、住民は最後まで駅の再建にこだわった。バス停では地域のコミュニケーションの場にはならず、そこには図書棚や休憩室も作られない。ましてや周辺に駅前食堂や駅前銀座が再生する見込みはない。駅名は旧集落の名であることが多く、駅がなくなるということは村のアイデンティティーが消滅することにもなるからだ。

鉄道はすでに郷愁の域に入ってしまったのだろうか、現代の駅の衰退は日本人の心の遺産の消滅にひとしい。

駅弁

駅弁の旨さに就て

吉田健一

日本料理は世界で一番旨いという説をどこかで読んだことがあって、勿論、これは愚劣である。世界一というのは、例えば、一定の期間にスポーツで世界一の記録を出すということはあるが、それは何《いず》れは別な人間やチームの世界一で置き換えられるのであるから、言わば、世界一はないというようなものである。それが本当なので、文学にした所でどこの国の文学が世界で一番旨いなどということは絶対にない。作品の優劣を見分けるのは容易であるが、どこの国の文学作品でも、優の部に入ってしまえば、後は相違が認められるだけである。醍醐味と醍醐味を比較して、どっちがいいなどと誰に言えるだろうか。勿論、料理は芸術ではないという見方も許される。それならば、芸術でも何でもない、女房や料理人に任せて置けばいいものだけに掛けて日本人が世界一だというのは、我々日本人を不具扱いにするものである。

併《しか》し日本料理では材料のもとの味を生かすことが主眼になっていて、そういう料理の仕方が、或は少くとも、それ一点張りの感じがするやり方が世界でも珍しいことは確かのようである（尤も、これも普通に知られている限りであって、例えば支那の奥地にどんなものがあるか、僅かに噂から察する他ない）。そしてそれが主眼なのが本当の料理というもので、だから、という論法は、マルキストが好んで使う一方的なもので、大体、誰がそう決めたのかと言えば、当の日本人なのだから話にならない。例えば、西洋料理はこの反対であって、これも国柄から来ていることだと思う。つまり、日本のように山海の珍味が空を飛んだり、海を泳いだり、藻の蔭に隠れたりしていれば、苦労することはなくて、苦労してもそれは他の国とは大分違った性質のものであることを免れない。

日本とは反対の立場から出発したのがフランス料理である。その昔、フランスでは度々飢饉が起って、その為にフランスで料理が発達したことを誰かが指摘していたが、蝸牛《かたつむり》を旨くして食べるなどというのは、確かに飢饉の時に食べるものがなくて、何かないかと探して廻った結果に違いない。又、牛の肉にしても、そうなればどんな牛の肉でも有難く思わなければならないから、上等でない肉でも旨く食べさせる工夫をする必要が生じて来る。それで料理の条件も日本とは反対になるので、原料は大したものではないことを承知の上でこれをなるべく旨いものに仕上げるのが、料理のよし悪しの標準になる。その昔、ルイ十四世だか誰だかの料理人が古い長靴の革を料理して、これを犢《こうし》だと思わせたという話が伝えられているのも、このことを示している。

そうすると、出発点はそのように聊《いささ》かみじめなものであっても、その線に沿って発達したフランス料理は日本料理など及ばない豪奢なものになったというのも納得が行くことである。材料には限りがあって、日本に幾ら珍味があっても、五、六百年もたてば底を突くのに対して、同じ材料を料理するのに工夫を加えるとなれば、その工夫一つで味をどんな風にでも変えられることになる。フランス料理では、卵の料理の仕方だけでも百何十種類かある。又、そうなれば材料の選び方も違って来て、珍しいものばかり、或は、何はどこのに限る式で探すだけが能ではなくなり、加工した結果にむらがないものが良質として認められる。そしてここでも国柄ということが考えられるので、日本の材料はそのままでも旨いかも知れないが、加工してしまえばどこが旨いのか解らなくなるものが日本料理では珍重される。調味料や熱に対して持ち前の味を主張し通すだけの腰がないのである（肉の佃煮も、フランス料理の手が込んだ肉の料理法に比べれば、生で食べているようなものである）。

そしてこういう材料の選び方の違いには、味というものに対する考え方の違いも、勿論含まれている。瀬戸内海の鯛を刺身にした味には無限に複雑なもの、或は豊富なものが感じられて、これはフランス風の料理法が無限に複雑で豊富なのに対応する。どっちがいいということはないので、材料の選び方、というのは結局、手に入る材料の性質からそういうことになるのである。そしてそれで気が付くのは、英国の料理がフランスのに比べて簡単であるのは、それだけ英国の方が良質の材料に恵まれているからに違いない。例えば、牛肉をただ焼いただけなのが英国の典型的な料理になっているのは、それ以上のことをしては勿体ない牛が少くとも最近まで英国にいたからであり、牡蠣はローマ帝国時代から有名であって、これは勿論、生で食べる。又、火を通した魚肉の感じがするものの中で、ドーヴァー・ソールのフライよりも旨いものはない。

併し牛と牡蠣とソールだけでは、一国の料理をなすに至らない。つまり、ヨーロッパ全体が、お刺身が川の中に泳いでいたり、おつゆの最上の種が池に浮んでいたりするような場所ではないので、だから英国でも昔から高級な料理はフランス風の料理と決っていた。いい料理にはフランス人を雇うのが常識で、フランス語でコックを意味する言葉が英国でもそのまま通用している。これには、地理的な条件もあって、晴れていれば英国の海岸からフランスが見える位だから、料理と酒と女の衣服はフランスが英国に提供し、その代りフランスの伊達男は衣類をロンドンに注文するばかりでなくて、その洗濯までロンドンでさせるという風な交流が昔から行われていた。

英国人がウイスキーばかり飲んでいるというのも、そういうフランス人が英国を崇拝する余りに、フランスで勝手に言い出したことに違いない。ウイスキーは十九世紀まではスコットランド人しか飲めない猛烈な地酒のどぶろくだったので、それを誰かが澄ませる方法を発見して味も洗練されて来てから、英国人も飲むようになった。併し今でも、旨い飲みものと言えばフランスとスペインとポルトガルから来る葡萄系の酒であって、英国は何百年も前からそういう酒の最大の得意先であり、何か関税上の取り決めがあるらしくて、フランス人が葡萄酒に困っている時でも、英国では上等のが氾濫している。

併しそんなことはどうでもいいとして、大体、ヨーロッパの料理の材料は色々と火で処理されるのを待っているのではないかという感じがする。例えば牛の腎臓は勿論、生で食べられたものではないが、これを焼いてパンを揚げたのに載せて、松茸をやはり焼いたのを付け合せにすると、これこそ西洋料理だと思わせるものを持った朝の料理になる。そしてそういう材料を使うのだから、西洋料理ではソースというものが大事で、日本で普通にソースと呼ばれている壜詰めのものも、英国から送られて来る本ものは、凡《およ》そ何やかやとぶち込んで作ったものであるらしい。そしてここでもう一度、フランス料理の発生ということに話を戻すならば、あのマヨネーズというのは、これはルイ十五世の料理人が、この国王に従ってフランドルでの戦争に出掛けた時、バタがなくてソースが出来ないので困った挙句に、卵とサラダ油だけで作ったのがこのマヨネーズだった。少くとも、どこかでそんな記事を読んだような気がする。

それで、こういうこととこの小文の題とどういう関係があるかと言うと、子供の頃に駅弁を買って貰って旨かったのが、大人になるとともに薄れず、駅弁を買うのを旅行する楽みの一つに数えることが出来れば、そういう人間は健康であって、西洋料理でも何でも、世界の珍味に浸るに足る、ということが書きたかったのである。料理のことを知るのに従って、駅弁などまずくて食えないというような通人の仲間入りを我々はしたくないものである。

さらば横川の釜飯弁当

五木寛之

信越線の〈あさま18号〉で上野へ。

秋に新幹線が開通すると、現在三時間かかっている長野—東京間が一時間二十分になるという。

早いことはいいことだ、と地元では大歓迎だろうが、その分だけ味気ない旅になることは必定。

たぶん山陽新幹線と同じように、やたらトンネルばかり多いことになるんじゃないかと、今からうんざりする。列車の旅は車窓から飛び去ってゆく風景を眺めるところに醍醐味があるのだ。一時間二十分じゃ、弁当だって落ち着いて食えやしない。などと時代おくれのボヤキは、すでに通用しない時代だろう。

軽井沢のあたりは雨。

霧の中に、なんだか格納庫のような建物が左右にのしかかっている。どうやら新幹線の駅らしい。かつての、あの木造の懐しい駅舎はもう跡かたもないのだろうか。日本国中どこでも同じような型にはまった新幹線の駅づくりを平然と眺めている地元の気持ちも理解できない。つくるほうは最初から美意識なんてものは犬に食わせろ、という気で取りかかっているのだから、もう少し地元がしっかりしなければ。

ＪＲの無神経さは、もう今さら何をかいわんやである。百年おくれた感覚でデザインを考えている世界だから、文句を言う気にもなれないというのが本音である。

熊の平あたりに、廃屋と化した昔の煉瓦づくりの建物があった。すでに崩壊寸前といった雨に濡れた煉瓦の壁に、なんともいえない味がある。昔の日本人は変電所まで美しく建てるセンスがあったのだろう。

横川の駅で、ホームに降りて釜飯弁当を二個買った。二個で千八百円。ずしりと重い包みを座席で開いて一個食う。

はじめてこの釜飯弁当を買ったのは、昭和三十年ごろだったか。浅間・妙義が米軍のレンジャー部隊の訓練場になるという時期で、当時の学生たちは反対運動にせっせと通った頃のことだ。

あれから約四十年、この釜飯弁当を何度食ったことか。パブロフの犬のように横川で列車がとまるとホームに降りていったものである。その味は今も変らない。これこそ文化遺産というべきだろう。

貧乏学生だった頃は、この峠の釜飯弁当はすばらしく豪華で、超高級のごちそうだった。ほのかに温かく、ずしりと重味のある釜の器を膝の上にのせて、上にのっている具をひとつずつ箸でつまんで嚙《か》みしめるようにあじわう。

椎茸、タケノコ、皮つきのカシワ、ゴボウ、そしていつも不思議に思っていたのが、ほのかに甘いアンズである。栗はいちばん最後まで大事にとっておいて食べた。

昭和三十年といえば、一九五五年である。当時、二十歳頃の九州出身の大学生には、過ぎた弁当だったはずだ。あの頃、この釜飯弁当の値段がいくらだったのかは記憶にない。

しかし、現在でも九百円という値段は、まことに良心的だと思う。そして、中身も、姿も、味も、ほとんど変ってはいない。

もしかすると、昔はいまプラスチックの容器にはいっている漬物が、もっと自然の材質だったような気がする。長方形の箱だったのではあるまいか。

首から重そうな木箱をかけたおっさんの姿も、いまはワゴンに変っている。なにしろ四十年も昔のことなので、記憶ちがいもあるだろう。しかし、当時の十九歳の大学生が、六十四歳の白髪の老人になり果てたいま、この釜飯弁当だけが青春期の姿と味とをそのままに残しているのは、大げさに言えば奇蹟のような気がしないでもない。

新幹線が走るようになれば、文句を言いながらも、そちらを利用することになるだろう。そして横川での三、四分の停車時間の時間も失われてしまう。車内販売で釜飯弁当を買うだろうか。長野までわずか八十分の気ぜわしい旅には、この釜飯弁当の重さとのどかさは似合わない。

若い頃はよく車のハンドルを握って、旧道の峠道を走ったものだった。ヘアピンカーブで対向車と一瞬の交錯に冷汗をかいたこともある。アルファロメオのGTVヴェローチェ、コロナGT、スカイラインのBタイプ、そしてBMW2000CS、メルセデス300SEL6・3、いろんな車たちの思い出が頭から腕によみがえってくる。バイパスができてからは、峠ごえのドライヴも、しごく安全な走行になった。三十代から四十代、そして五十代には関越を経由するコースを走るようになる。それが年をとっていくということであり、時代が過ぎていくということなのだ。世紀末の釜飯弁当を食いながらそう思った。

横川の釜飯と同じ頃から愛用していた車中の弁当に、富山の鱒ずしがあった。いままでも小松空港や金沢駅を使うときには、かならず買う。

こちらのほうはいろんなメーカーがあるので、店によっては昔の味そのままというわけにはいかない。富山へ出かけたときには、特に頼んで地元の老舗のものを求めたりする。

一週五日を旅ですごしているような日々のなかで、最近は買ってがっかりしないいような弁当には、なかなかお目にかかることがない。見た目ばかりで、実際に箸をつけてみると、ほとんど食欲が減退してしまうような弁当も少くない。

そもそも車中で弁当を使い、お茶を飲むというような習慣そのものが、めっきり少くなってきたようだ。新幹線はまだしも、リニアカーで時速三百キロの旅をするようになってくれば、さらに汽車弁とは縁遠くなってしまうだろう。

こんど直木賞を受賞した浅田次郎の『鉄道員《ぽっぽや》』のペーソスがひとしお身にしみたりするのも、そんなアズ・タイム・ゴーズ・バイの感慨のしからしむるところかもしれない。

博多の中洲に異彩をはなっていた酒場〈ふくろう〉も姿を消してしまった。自分の本の話で恐縮だが、かつて『戒厳令の夜』という小説の冒頭に登場してくる奇妙な酒場のモデルだった店である。

ネオン街の一角に、そこだけひっそりと時間が停止したような、アイビーにおおわれた酒場があった。冬はだんろで対馬から運ばれてきた薪《まき》が燃え、壁には女主人と岡田嘉子の笑顔の写真がかかっていたのを思い出す。

還らぬ夏

というのは那珂太郎の詩の一節だったはずだが、ふとそのフレーズが胸によみがえってくるこの頃だ。

街も変る。人も変る。自分も変り、弁当も変る。旅のスタイルも、人の表情も、食べものの味も、すべてが還らざる夏の景色のかなたにかすんでゆく。

スーパーチャージャーの音がターボ音に変り、ギアシフトがオートマチックに変り、自分でステアリングを握る機会も、すっかり少くなった。さらば青春の釜飯弁当よ。

〈一九九七年七月〉

四国駅弁食べ歩き1泊2日

小林しのぶ

四国の駅弁、頑張れ！

2日間かけて、四国の駅弁を食べ歩くことにした。ただ食べるだけではなく、調製元を訪ね、四国の駅弁事情を探ろうというもくろみである。

はじめに、JR四国の列車内販売を担当する四鉄構内営業の社長・本津稔さんを訪ねてみた。ちなみに四鉄構内営業は四国4県の駅弁調製元によって設立された会社で、各調製元は四鉄構内営業の営業所を兼ねる。「現在JR四国で駅弁を販売しているのは予讃線の高松駅、川之江駅、今治駅、松山駅、そして、土讃線の高知駅の5駅になります。宇和島駅と新居浜駅もあったんですけどねえ、残念ながら数年前に相次いで撤退しました。理由ですか？　やっぱりこのご時世ですから」とのこと。いつの間にそんなに減ってしまったのだろう。

四国全体で5駅とは何とも寂しいではないか。しかも、徳島は〝駅弁なし県〟になってから久しい。いったい四国の駅弁はどこへ行くのだろうか。

「あなごめし」の秘訣

1日目は、四国の玄関口・高松駅からスタート。高松駅、高知駅、そして、知る人ぞ知る第3セクター・土佐くろしお鉄道中村駅の3駅3種類の駅弁を食べながら回るスケジュールだ。午前7時、眠い目をこすりながらホテルを後にし、まずは高松駅弁を訪ねてみる。高松駅のホームを左手に眺めながら工場へと向かう。かつて宇高連絡船の乗降客で賑わいをみせた高松駅も隣接する高松港とともに平成13年（2001）5月にリニューアル。商業施設を併設した近代的な建物に生まれ変わった。「すっかりきれいになり、昔の面影もないのね」と、ひとり感傷に浸る間もなく、到着。白い調製服姿の取締役・池田敏雄さんが入口で待っていてくれた。現在販売している駅弁の主力9種類のうち、ダントツの売り上げを誇るのが「あなごめし」。毎日の販売個数の4分の1を占め、駅弁大会で有名な京王百貨店（東京・新宿）の催事でも1日1000個以上売れた人気商品だ。

アナゴといえば、高松駅以外にも宮島口駅（広島）、広島駅、松山駅（愛媛）、今治駅（同）など、瀬戸内地方はアナゴを使った駅弁が目立つ。「今は輸入のアナゴを使ってるけど、昔は瀬戸内海で捕れたアナゴを魚屋が家に持ってきて、きざんでお寿司に入れたり、天ぷらにしていたんよ。この『あなごめし』もそういった郷土料理的なものから発生しました」(池田さん)。

高松駅の「あなごめし」は、亀の甲のような八角形の箱にご飯が敷かれ、その上に、アナゴの切り身2枚、アナゴの小間切れ、アナゴの八幡巻き1個、香川の郷土料理・醤油豆(煎った空豆を醤油とみりんにくぐらせたもの)などが順序よくのっている。「肝心なのはご飯とたれなんですね」と池田さん。「ご飯は俗に言う〝色飯〟っていうんですけどね。醤油の炊き込みご飯があるでしょ? ああいう感じ。普通の炊き込みご飯ではなくて、隠し味にいりこだしを入れてます。醤油は香川で作っている地場の薄口醤油。醤油もいろんなメーカーがいろんな味を出しているけど、昭和35年(1960)の発売当時から変えてません」。

高松駅弁の売り上げは1日平均約500個。土日・祝日やゴールデンウィークといったハイシーズンにはその2割増になる。四国内では売り上げが多いほうだが、それでもかった。昔とは比べものにならないほど減っているという。「宇高連絡船があった時はすさまじかった。当時は駅弁だけでやっていましたが、今は予約制の受注弁当もやらないとやっていけません。例えば、高松駅から岡山駅まで、昔は連絡船を乗り継いで2時間半かかっていたのが、瀬戸大橋が架かってからは1時間で行けるようになりました。都市間輸送の高速化、時間短縮によって、生活環境や旅行の仕方が変わり、弁当を必要としなくなった。これは四国に限らず全国的な問題だと思いますね」（池田さん）。

高松駅弁の駅弁売店は高松駅正面入口から入ってすぐ左、「ｃｏｍ高松」の一角にある。ここで30年以上駅弁を販売している販売員の佐藤良子さんによると「昔は朝5時開店、夜10時閉店。それでも食事をする暇もないほど忙しく、会社の寮に泊まり込んで勤務したものです」。現在の勤務は朝7時10分から昼3時10分までで、間に1時間の休憩がはいる。「一度食べてくれた人は駅弁のおいしさをわかって買ってくれるけど、今の若い人はコンビニの味に慣れてるから」。

野を越え、山越え

9時49分発、特急しまんと7号に乗車。シルバーのボディにイエローとブルーのラインが入った2000系の振り子式気動車だ。幅が狭く、特急というより急行列車といった印象。険しい四国山地を越えるには、どうしてもこの形に落ち着くのだろう。高松駅からは7号車、8号車の2両のみで出発。途中の宇多津駅で4両連結され、6両編成になる。各駅の到着時刻の案内とともに「この列車には車内販売はございません」とのアナウンスが入った。

車内を見回すとサラリーマンが多く、自由席はほぼ満席。なかには夏休み中の子供連れや若い女性もちらほら。しかし、駅弁を食べる人の姿はなく、代わりにコンビニやパン屋の袋を携えた人が目に付く。

列車は高松市郊外の住宅地を抜け、田園風景の中をひた走る。ここで、先ほど高松駅で仕入れておいた「あなごめし」を食べることにする。醤油味の炊き込みごはんはふっくらしていて、香ばしく焼かれたアナゴとのハーモニーも絶妙。思わず一気に平らげてしまった。金比羅参りで有名な琴平駅を過ぎると、車内販売のワゴンがやってきた。宇多津駅から乗車したらしい。ワゴンの中を覗くと、高知駅の「よさこい弁当」を積んでいる。

食後の満腹感と列車の揺れで、ついウトウト。気が付けば、土讃線随一の景勝地・大歩危・小歩危にさしかかっていた。右側に徳島の清流・吉野川の渓谷が続いている。

高知生まれのヒーロー・アンパンマン

やがて高知駅に到着。「かつおたたき弁当」を買う。ホームでは、若いカップルが「アンパンマン弁当」を食べていた。「アンパンマン弁当」は、八角形の容器に、アンパンマンの顔を形どったピラフ、ウインナー、卵焼き、スパゲッティ、マカロニサラダなど子供が喜びそうなおかずが詰まっているが、大人が食べたってうまい。もとは高松駅の駅弁だが、JR四国の要請により、高知駅や松山駅でも同じ内容で調製しているのだ(数が少ないので、購入の際は問い合わせたほうがベター)。

アンパンマンの作者・やなせたかし氏は、高知県香北町の出身。香北町に「やなせたかし記念館」（アンパンマンミュージアム）があるほか、JR四国では、車両にアンパンマンを描いた〝アンパンマン列車〟を運行している。また、アンパンマンではないが、平成14年（2002）7月に開業した土佐くろしお鉄道ごめん・なはり線の車両にも、やなせ氏デザインのキャラクターが描かれている。四国はアンパンマンと仲間たちでいっぱいだ。

ホーム後方にある駅弁売店の販売員・蟹田美礼さんに様子を聞いた。「売店の営業時間は朝7時から夕方5時、お弁当は3時前には売り切れます。サンドイッチや寿司、小さい幕の内など、朝しかないお弁当があるので、それは開店後すぐに売り切れていきますね。『かつおたたき弁当』や『よさこい弁当』は、なくなったら工場にすぐ連絡を入れるので、工場が営業している2時頃までは入手できます。『かつおたたき弁当』の1日の売り上げ個数は平均して、15前後ですね」。蟹田さんは四鉄構内鉄道の所属で、列車内販売と売店の販売員を兼務しているとのことだ。

冷えたカツオに舌鼓

さて、再び特急南風3号に乗車。箱の中のカツオが気になり、早速「かつおたたき弁当」を開ける。その名のとおり、土佐名物・カツオのたたきが5切れ、それにネギとニンニクの薬味、白飯、漬物などが入っている。蓄冷材を入れることにより、生の食材を使った駅弁が実現した。「かつおたたき弁当」は平成2年（1990）秋に発売。調製元の中央食堂社長・町田富彦さんが郷土色がある変わった弁当を、と考えていたとき、ふと思い浮かんだのが、料理店のカツオのたたき定食だった。「カツオのたたきは生ものじゃき、鮮度とおいしさを保つにはどうしたらよいか。氷は溶けるし、ドライアイスは凍り過ぎておいしくない。魚屋さんなどに助言してもらったり、いろいろ試行錯誤しました」（町田さん）。開発に行き詰まったとき、たまたま北海道からカニが送られてきた。カニに同封されていたのが蓄冷材で、試しに蓄冷材を入れた弁当を持って高松駅まで乗車。4時間程度なら鮮度もおいしさも変わらないことがわかり、発売に漕ぎ着けたのだ。カツオをひと切れ頬張るごとに、カツオと薬味のニンニクの風味が口の中いっぱいに広がる。カツオは土佐沖で捕れたものを使用しているそうだ。

食後、車内探検に出かける。と言っても3両だけなのだが。昼過ぎの車内は午前中とうって変わり、子供連れや若い女性など夏休みの空気が漂う。駅弁を広げているのは、熟年夫婦と鉄道マニアらしき男性の3人しかいない。

須崎駅に停車後、ほどなく左手に海岸が見えた。土讃線で海を見るのはこれが初めてだ。

清流のふるさとで頑張る幕の内

いよいよ、本日の最終目的地・中村駅に着く。もとは国鉄の駅だったが、昭和63年（1988）、第3セクターの土佐くろしお鉄道に営業が移譲された。

中村駅の駅弁は「幕の内」1種類のみ。調製元の大八は商店街にある街の弁当店。仕出しや学校の給食事業も請け負っている。大八店頭のショーケースには、親子丼やオムライスなど、子供も大人も好みそうな弁当がズラリと並ぶ。

「中村駅の駅弁はうちで3代目、うちが作るようになって今年で14年目に入ります。駅には朝7時半に持っていき、12時までの間に追加が入る仕組みです。朝早めになくなったら8〜9時くらいに1、2回追加があって、お昼頃に追加があって、毎回5個ずつ持っていきます。平日は5個、土日・祝日は5〜15個、ハイシーズンは1日30個くらい出ます」と、荒井雪絵さん。高松駅や高知駅といった主要駅とは違い、利用客は地元住民か四万十川のレジャー客に限られる。1日に5個運んでも売れ残る日があるというのだから厳しい。

内容は、サバの煮付け、鶏のからあげ、とんかつ、かまぼこ、卵焼きなどが入った正統派の幕の内。野菜は煮物や酢の物など、旬の野菜が日替わりで入る。「漬物とシソ昆布以外はすべて手作り。冷めてもおいしい味付けにしています。ご飯は専門店に良質米を選んでもらっています」（荒井さん）。

中村市をアピールするため、掛紙には市内を流れる四万十川とトンボをあしらった。アユ、ゴリ、ウナギ、川エビ、川海苔など、地元の特産物を使った特徴のある駅弁を作ることも考えているが、利用客が少ないため、実現には至っていない。

帰りに中村駅の売店に立ち寄る。勤続30年のベテラン販売員から、中村駅の幕の内は昭和45年（1970）10月の国鉄中村駅開業当時から続いていると聞いた。人もまばらになった高松行き特急しまんと8号の車内で、幕の内を食べる。一品、一品、丁寧に作られており、冷めてもイケる。これで670円とは、はるばる四国の端までやってきた甲斐があったというものだ。

穏やかな予讃線

2日目は、川之江駅、今治駅、松山駅と、愛媛県内3駅3種類の駅弁を食べ歩くために、予讃線の特急いしづち5号に乗る。このいしづち5号、途中の宇多津駅まで5両編成で運転。宇多津駅で岡山駅からやってきた特急しおかぜ3号と連結し、8両編成となる。乗客は昨日の土讃線同様、サラリーマンばかり。皆決まりきったように、スポーツ新聞と飲料水のペットボトルを携えている。そして悲しいかな、駅弁を食べる人は誰ひとりとしていない。四国山地を縦断する土讃線に比べ、予讃線は平野や海沿いをひた走る。「間もなく託間です」とのアナウンスとともに、右側に瀬戸内海が見えてきた。

8時35分川之江駅に到着。本日1軒目の取材先、大平食堂社長・大平善行《おおひらよしゆき》さんがいしづち5号に弁当の積み込みをするというので、急いで8号車に向かう。善行さんが慣れた手つきで弁当とコーヒーポットをひょいっと販売員に手渡す。あっという間の出来事だ。10分後、今度は岡山行き特急しおかぜ8号に弁当を積み込み、この時間の積み込みは終了。改札の目の前にある店舗にお邪魔する。

駅弁苦戦の理由

大平食堂は大正13年（1924）、この地に創業後、川之江駅の歴史を見つめてきた（雑貨の立ち売りは川之江駅が開業した大正5年（1916）から）。現在の善行さんで3代目だ。

「昔みたいに鉄道だけの時には、川之江駅の構内もごった返していたけど、高速道路ができて、みんなマイカーを持つようになって、人の流れが変わってしもうたわな。今は盆正月というても駅前は閑散としていて、昔の面影というのはないわな」（善行さん）。今は川之江市内には松山自動車道の川之江ジャンクションがあり、高松、徳島、高知の各自動車道と接続している。車の交通が至便な土地なのだ。駅に人が集まらなくなれば、当然、駅弁の販売個数も減る。川之江駅の「いなり寿し」も今では列車内販売が主体だ。

また、四国全体では、構内にコンビニや飲食店を併設する駅が増加。駅弁以外の選択肢が増えたことも、販売個数の減少に拍車をかけているのかもしれない。

「いなり寿し」の由来

ところで、「いなり寿し」とはどんないきさつで誕生したのか。大正5年（1916）4月、予讃線が観音寺駅から川之江駅まで延伸。その後、伊予西条、今治、松山と延伸し、鉄道利用客が著しく増加した。そこで、国鉄がサービスの向上を図るため、川之江駅で雑貨の立ち売りをしていた初代・大平高造さんに弁当の販売を要請。加えて鉄道利用客からも要望が多く寄せられ、考案されたのが「いなり寿し」だった。

当時、この地方のいなり寿司といえば、薄味の油揚げにニンジンやゴボウの入ったご飯を詰めたものが一般的。しかし、大平食堂の「いなり寿し」は、油揚げの味付けを濃くする代わりに、ご飯をあっさりさせるなど、工夫を重ねた。現在、油揚げの味付けには、薄口醬油とざらめ（砂糖）を使っている。「ざらめを使うとコクが出るんだ。量はかなり入れるよ。油揚げは味付け後、鍋で1日くらいつけた状態がいちばんええんだけどな。2つの鍋を交代に順繰り順繰りしよるわけや。平日は1つの鍋に300個分くらい入ってます。土日・祝日はもっと増える。中のご飯は農協と契約して愛媛産のコシヒカリを使いよるんじゃ」と、善行さんの弟の大平秋夫さん。

早速「いなり寿し」を試食する。川之江市の名所を描いた掛紙を取ると、小さめのいなり寿司が8個。小さめと言ってもご飯がぎっしり詰まっていて、食べごたえがある。油揚げは甘過ぎなく薄味でもなく、むしろ上品な感じ。放っておくといくらでも食べられそうだ。この味とボリュームで、530円は買い得である。

魚好きが作った駅弁

再び、11時34分の特急いしづち9号で今治駅に向かう。12時頃の車内を歩くと、駅弁を食べている人がいた！　サラリーマン、大学生と思われるグループ、子供あわせて10人ほど。昼時になればそれなりに駅弁を食べている人がいるのだとわかり、少しホッとする。

今治駅に着き、「活鯛の押し寿司」（瀬戸の押し寿司）と「鯛めし」で知られる調製元・二葉に伺う。「活鯛の押し寿司」と「鯛めし」は、約20年前、現社長の野間憲二さんが考案した自信作。特に「活鯛の押し寿司」には強い思い入れがある。「当時、四国を代表する駅弁がないということで作りました。今治にはせっかく来島《くるしま》海峡があるんだから、来島海峡をもっと知ってもらわなければいけん。来島海峡の身が締まっておいしい魚をぜひ知ってもらいたいという想いから作りました」（野間さん）。

「活鯛の押し寿司」の頭には「来島の味」と付いているが、これは来島海峡の名を広める目的と同時に、来島海峡で捕れたタイしか使っていないことを表す。「よその産地にも夕イがあるけど身の締まりがないものが多い。活きが勝負だから。『活鯛の押し寿司』の透明度は鮮度を表しているわけですよ」(野間さん)。

新鮮なタイならではの透明度と味を保つために調理法にも気を配る。タイを3枚に下ろし、中骨を取った後、塩をふって身を締める。それから3〜4時間後、タイに付いた塩を洗い、昆布が入った酢にほんの数分間くぐらせる。「長く漬けると日持ちはするけれどタイ本来の味を大切にするためにはね、酢を極力抑えているわけですよ。それを薄くそぎ切りにするわけです。あんまり薄すぎても駄目やし、また厚すぎても駄目。ご飯と身のバランスが大事なんやね。そぎ切りしたタイの身を隙間のないように並べて、その上に大葉を敷いて、しゃりをのせて押すわけですよ」。「活鯛の押し寿司」の調製はすべて手作業。丁寧に作るのが大事だと、野間さんは語る。

幼少の頃から大の魚好きの野間さんは、タイの大きさにもこだわりがある。「小さいタイだとあまりタイの味がしない。やっぱり適当な大きさというのがあるんですよ。だいたい体長30センチ、1.5キロから2キロくらいが理想やね」。弁当に対する愛情がこちらにもひしひしと伝わってくる。そんな野間さんに四国の調製元について尋ねてみた。

「阿波池田駅、徳島駅、宇和島駅、四国の駅弁が相次いで姿を消したのは後継者不足なんですよ。弁当屋は朝早くてきついからね。うちにも息子と娘がいるけどね。息子は銀行員で、娘は東京ですわ。これは四国だけの問題ではなく、全国の問題やね」(野間さん)。新商品も開発したいが、売り上げが伸び悩む現状では発売できないそうだ。

野間さんから「活鯛の押し寿司」のほか、「鯛めし」「穴子めし」を受け取る。松山行き特急しおかぜ11号の車内で、「活鯛の押し寿司」から箸を付ける。箱の見た目は小さいが、押し寿司だけに酢飯がぎっしり。これなら酢が苦手な人も食べられそうだ。いなり寿司に押し寿司と、ご飯ものが続いたので、腹の底にご飯がずっしりたまった感じ。おまけに次の松山では「醬油めし」がお待ちかね。タイやアナゴの香りに惹かれつつ、そのまま東京に持ち帰ることにした。

郷土色あふれる「醬油めし」

今治駅から松山駅までは特急で30分ほど。松山駅ホームの駅弁売店は昔ながらの木造だ。「醬油めし」を入手し、声をかけると、配達担当者がこれから会社に戻るというので、車に同乗させてもらった。

松山駅の駅弁調製元である鈴木弁当店は昭和13年(1938)の創業。「醬油めし」のほか、夏目漱石の好物を集めた「坊ちゃん弁当」、女性好みのおかずが詰まった「マドンナ弁当」などを販売している。その「醬油めし」だが、もとは松山地方の郷土料理で、〝よもだ〟(おとぼけ)、〝いでらしい〟(もちがよい)など、松山弁を紹介した掛紙が飾る。「史料によると、醬油めしは江戸時代くらいからあるらしいんですけど。畑仕事に行くのにですね、具材をたくさん入れて炊いたご飯を持っていく。おかずがなくても食べられると。謂われはそういうところからきているらしいですね」と、専務の鈴木《すずき》孝三《こうぞう》さん。ひと口に〝醤油めし〟といってもその家庭ごとに独自の味付けがあり、具も山の幸を入れるところがあれば、海の幸を入れるところもある。鈴木弁当店の醤油めしは山菜入りだ。「ご飯の中には、ニンジン、ゴボウ、タケノコ、つきこんにゃく、松山の名産・松山揚げをきざんだものが入ってます。松山揚げは、しっとりとした揚げではなくて乾燥した揚げで、パリパリなんですよ。つきこんにゃくは、糸こんにゃくをちょっと大きくしたようなもので、これで醤油味がやわらかくなるようにしています。あとは削り節ですね。隣の伊予市には、削り節の製造メーカーがたくさんあります。そして、ご飯の上にのっているのが緋のカブですね。これは、やはり松山地方の名産で、カブをダイダイで漬けたものです」(鈴木さん)。その他、錦糸卵やサクランボなど、彩りよく盛り付けられている。

幻の松山版「斗牛《ときゆう》弁当」

今、鈴木弁当店では、本格的な精米に取り組んでいる。鈴木さんによると「精米機本体はあるのですが、まだいろんな機械を付けなければいかん。それが整ったら米を玄米で購入して、自社で精米したての新しい米で弁当を提供できるかなあと。それに、食品表示問題が起こっている昨今、玄米のほうが自分で産地を確かめられますから」。

鈴木弁当店が調製する弁当は、駅弁、弁当、給食弁当、仕出しなどを合わせて1日およそ1000食。そのうち駅弁は約350食で、ゴールデンウィークや土日・祝日は平日の2、3割増しになる。「四国はローカルですから、全体のお客さんの数はたかが知れています。観光資源に乏しく、観光客よりバスで回るお遍路さんの方が多いじゃないですか。駅弁業者も観光客をあてにするだけではなく、できるだけ地元のお客さんを相手にやっていかなければなりません」（鈴木さん）。

ところで、今回の取材中、今はなき宇和島駅の「斗牛弁当」が松山駅で入手できるという噂を聞いた。その真偽を鈴木さんに尋ねてみた。「JRさんから『斗牛弁当』を引き継いでほしいとの依頼もあったんですよ。ファンもおったんで。そこで、廃業された『斗牛弁当』の社長さんに『JRさんから依頼があるので、名前を使わせてくれないか』とお願いはしたんですよ。ところが、社長さんが『私が作った弁当やから墓まで持っていくんや。だから使うのはやめてください』と言われて」。

旅の締めくくりも駅弁で

松山駅に戻り、駅弁売店販売員の鳥生《とりう》洋子《ひろこ》さんに話を聞いた。鳥生さんは入社10カ月。入社当時は駅弁の名前と価格を覚えたり、頭の中で素早く暗算する作業が大変だったが、最近はすっかり慣れたという。「仕事のある日は朝4時半ぐらいに起きないかんのよ。通勤に自転車で25分くらいかかるから。事務所に5時半くらいまでに行って、お弁当の支度を自分でして、お弁当だけを持って駅まで来るんですよ。朝2番目の特急に間に合うようここに来てね、あとは夜8時まで。閉店したら売り上げを計算して、倉庫の戸締まりをして、残った弁当をまた事務所に持って帰って」。早朝に起きるのは大変だが、常連客と話したり、若い女性のファッションをチェックしたり、毎日が楽しいという。

そうこうしているうちに、東京へ戻る時刻が近づいてきた。松山空港に向かい、搭乗口で「醤油めし」を食べる。見た目に比べ醤油の味が濃くなく、米粒もふっくら。「醤油めし」というその名もズバリの地味なネーミングに反して、奥行きのある味わいを感じる。夢中になって食べていると、機内への搭乗が始まってしまった。搭乗機へ進む人たちを気にしつつ、ひたすら「醤油めし」をかきこむ。

その後、急いで今治駅の「鯛めし」と「穴子めし」も食べる。時間がたってもタイやアナゴの風味が損なわれておらず、思わず感動。6駅8種類の駅弁の完食と同時に、四国駅弁食べ歩きの旅は終わりを告げたのであった。

「駅弁」への招待　編者解説エッセイ

芦原伸

鉄道旅行の楽しみといえば、まず駅弁。そして車内で呑む酒である。

今やコンビニ弁当が安くて、うまい、と評判だが、しかし同じ弁当でも列車で味わう駅弁はおいしさが違う。車窓を見ながら、仲間と酒を飲みながらの駅弁は旅する気分や風景が味わいのなかに入っている。

忘れられない駅弁は誰にでもいくつかあるだろう。

北海道、長万部の「かにめし」、三陸鉄道久慈駅の「うに弁当」、大館の「鶏めし」、大船の「鯵の押寿司」、米原駅の「鱒寿し」、浜松の「うなぎ飯」……。日本全国に駅弁は一体いくつあるのか？　よくある質問だが、これがなかなか難しい。折り箱に勘亭流の「駅弁」と日の丸をかたどった、いわゆる「駅弁マーク」をつけている駅弁は、一般社団法人日本鉄道構内営業中央会（以下、中央会と表記）に加盟している調製業者のものだ。ここには全国で九五社が加盟している。

中央会には、森駅の「いかめし」のいかめし阿部商店、仙台駅の「牛たん弁当」のこばやし、米沢駅の「牛肉どまん中」の新杵屋、横浜駅の「シウマイ弁当」の崎陽軒など、有名駅弁を販売している老舗の業者が多いが、一方で中央会に加盟していない業者もある。国鉄時代は、中央会加盟業者以外の弁当を改札内で売ることは認められなかったため、そこにいちおうの「駅弁」としての線引きができていた。

しかし、民営化以降はその規則はなく、私鉄や第三セクターの駅でも駅弁は売られている。また近年の〝駅ナカ〟ブームで、有名料理店などが調整した弁当も改札内で販売されることもあり、なかなか、「駅弁」の定義はむずかしくなった。

駅弁に詳しいトラベルジャーナリストの林順信氏は、平成一二（二〇〇〇）年の時点で「約二七〇駅、二二〇〇品目」としているが、いまもその前後が妥当な答えだろうか。

いずれにしても、その土地々々の特産品を生かした駅弁は、魅力的な旅のモチーフとして、多くの紀行文学やエッセイなどに取り上げられている。


英文学者・評論家で小説家でもあった**吉田健一（一九一二―一九七七）**は、〝ワンマン首相〟と呼ばれた吉田茂の長男。母は内大臣を務めた伯爵・牧野伸顕の娘で、牧野の父は明治の元勲・大久保利通である。エリートでセレブな家柄出身で海外生活の長い吉田は大の鉄道旅行好き。グルマン、酒豪でも知られる人だ。

とにかく半端ではない。吉田が行くところ、歩くところ、酒と肴が一緒になってついてくる。

『汽車旅の酒』は吉田が一九五四年から二十年余りの間、新聞や週刊誌、月刊誌に書き綴ったエッセイを文庫にまとめたものであるが、吉田の破格の酒豪ぶり、こだわりの酒肴が満載で、痛快なことこの上ない。たとえば「酔旅」は東京から酒田へ、酒田から新潟、東京と一回りする話だが、ビールからはじまり、シェリー酒、「今代司」（新潟の地酒）、さらにビール、「初孫」（酒田の地酒）、「白鶴」と飲みまくりである。それでいて、「旅先で一番旨い酒を飲むこと程、我々の寿命を延ばしてくれるものはない」とのたまわれるのだから、手のつけようがない。さらに、ハシゴ酒というのは、春、夏、秋という季節のめぐりと同じようなもので、天体の運行を感じさせて悠久なるものがある、と、ここまでくれば大トラの弁解も哲学者の名言に至る。

さて、本論に戻ると、同書に「駅弁の旨さに就いて」というエッセイが見つかった。吉田はフランス料理の在り方と日本料理の在り方の差異をえんえんと語る。山海の地に恵まれた日本では、素材が豊富で、素材の味をどう引き出すか、という料理法が発展した。それに比べて素材が貧しいために、それをどう調理したら、美味しくなるかを開発したのがフランス料理である。つまり東西二つの料理法、発想がまるで異なるので、どちらが世界一か、は決められない。しかるに子供の時においしかった駅弁の味を忘れないように、と吉田はシンプルな駅弁を擁護している。

同書には「信越線長岡駅の弁当」もある。吉田は通りかかった売り子を摑まえ、その売り子が売っているものを買って食べて見るのが楽しみだったが、そのうち停車時間が短くなり、買うには〝命がけの早業〟が必要になった、とボヤキながらも、長岡駅の「鱒の姿鮨」「蟹鮨」のうまさ、「長岡弁当」のおかずの手の込んだ料理について絶賛している。

吉田が食した長岡駅弁は創業一二〇余年の老舗・池田屋が調製している。人気の品は「越後長岡喜作辨當」。長岡野菜の神楽南蛮を練り込んだ鶏団子、ふっくらと焼かれた塩鮭やゼンマイと油揚げの炊き合わせなど、たしかに〝ひと手間〟を感じさせる酒肴がぎっしり詰められている。

作家の**五木寛之**（**一九三二—**）がはじめて「峠の釜めし」を買ったのは、昭和三〇年頃のことで、それ以後、〝パブロフの犬〟のように、横川に列車がとまると必ずホームに降りて買い求めた。その味は今も変わらず、これこそ文化遺産というべきだろう、と絶賛している。

「峠の釜めし」が販売を開始したのは、昭和三三（一九五八）年。当時のおぎのや会長だった高見澤みねじが「あたたかくて、家庭的な楽しいお弁当を」と開発したのが、益子焼の土釜にさまざまな食材を詰めた「峠の釜めし」だった。

五木がこのエッセイを記したのは、長野新幹線（高崎〜長野）が開業する前、乗ったのは「あさま8号」で、横川駅のホームに降り、ずっしり重い「峠の釜めし」を二個、買い求めた。

五木は言及していないが、みねじをはじめとする、おぎのやのずらりと並んだ販売員の人たちが、列車が走り出すと、いっせいに頭を垂れて見送る姿は、長い間横川駅のシンボルだった。

しかし、北陸新幹線の開通と同時に、在来線の横川〜軽井沢間は廃止され、その風景も失われた。

長野新幹線（高崎〜長野）開業から、すでに二〇年が経ち、線路はかつて五木が暮らした金沢まで、延伸された。最速の「かがやき」で、東京〜金沢間はわずか二時間二八分である。

五木の青春の思い出は、釜めしとともに過ぎ去ってしまうのだろうか？

いま、日本でいちばん駅弁を食べ、知り尽くしているのは、〝駅弁の女王〟ことトラベルジャーナリストの**小林しのぶ（一九五七—）**ではないだろうか。

駅弁に関した著作も数多く、そのスーパー食べっぷりにはいつも脱帽している。また、たいへんな酒豪であることも知られている。

そんな小林が、四国へ駅弁食べ歩きの旅に出た。平成一四（二〇〇二）年当時、四国の駅弁は退潮傾向にあり、ＪＲ四国管内で販売されていたのは、高松、川之江、今治、松山、高知の五駅だけになっていた。

「あなごめし」（高松駅）、「かつおたたき弁当」（高知駅）、「幕の内」（中村駅）、さらに川之江駅の「いなり寿し」、今治駅弁の「活鯛の押し寿司」などを食べ歩く様子は、〝駅弁の女王〟の面目躍如である。

実は女王様とぼくはかつて同じ職場にいたことがあり、長らく交友も続いているのだが、いつも不思議に思うのは、あれだけ食べて、よく太らないな、ということだ。勝手な推測であるが、駅弁は旅とともにあるから、移動や活動がともない、彼女の胃のなかで、ほどよく消化されているのだろう。お酒はさらに食欲をそそらせているのかもしれない。

この作品を選んだのは、一泊二日の〝急ぎ旅〟のなかに現在の駅弁業界の苦戦や働き手の苦労が丁寧にレポートされているからである。

駅弁の最盛期は一九七〇年代といわれる。あれから四〇年、鉄道事情は急変した。列車の窓は開かず、停車時間は短縮、ボックスシートからロングシートとなり、乗客が駅弁の立売に声をかけ、車内で食べるという風景は激減した。五木が語ったように、ビューンと行く新幹線には「峠の釜めし」は似合わない。四国ならずとも、今後は全国でも駅弁は苦戦しそうである。

文中に面白い箇所があった。

名物駅弁だった宇和島駅の「斗牛弁当」の話。経営者が廃業し、なくなるのを惜しんだ業者がその名を継承したいと、頼んだところ、「私が作った弁当やから墓まで持っていくんや。だから使うのはやめてください」との返答。

老いた経営者の頑固さと愛情がしのばれて、駅弁製造職人の心意気が理解できたような気になった。

たかが駅弁、されど駅弁なのである。

時刻表

時刻表を読む楽しみ

阿川弘之

現在日本で各種列車の運行時刻を記したものとしては、市販のものでは、交通公社から毎月発行されている「時刻表」、これが一番権威のあるものだが、あれを見ると頭が痛くなるという人がある。どういう風にして必要な頁をあけたらよいかも分らないし、あの数字の行列を眺めても、汽車がどっちからどっちへ走っているのか見当もつかず、まして運賃の計算などは論外である。これが時刻表利用者（?）の一方の極であるとすると、他方の極にこの時刻表の、ほとんど月極めの愛読者がいる。そして私もどちらかといえばその一人であるが、われわれのは必要な時に発着時刻を調べるというだけではなくて、文字通り折にふれて愛読しているのだ。その中間にいるのが、ごく普通一般の利用者で、旅行する時にこれを買って、自分の乗る列車を決定し、乗換時刻を調べ、もう少し詳しくなると、自分の乗るべき車輛の位置や、目的地までの運賃も調べ、旅が済んだら古雑誌と一緒にほうり出して置くのである。

こういう人たちは、大抵この時刻表に投書欄があることには気がついていないだろう。大体時刻表を読む物好きがいようとも思うまいし、投書するとして、何を投書するのか見当もつかないだろう。ところが正にその物好きが、案外な数いるのであって、それは十一月号（昭和二十九年）の時刻表で云えば、二七九頁の「交換室」というところを開いて御覧になれば分る。

私も汽車に乗ったら、この時刻表以外のものはあまり読む気がしない。何がそんなに面白いかと云って、例えば十月一日の時刻改正から特殊列車の一〇〇一、一〇〇二列車には「西海」という愛称がつき、同じく一〇〇五、一〇〇六列車は「早鞆《はやとも》」となり、東海道線三八〇一電車「伊豆」号、三八〇七電車「いでゆ」号は、それぞれ三千台が取れて、八〇一、八〇七電車となり、自分の列車が次にすれちがう急行は三六列車、上りの「きりしま」で、その次が二列車「つばめ」で、「つばめ」は沼津で「きりしま」を追い越して「きりしま」より三十七分東京へ先着する、というようなことを、考えたり調べたりするのは、秋空を整々と運行している星の運びを知るのが楽しいように、非常に楽しいものなのである。

ところがいい年をして、汽車が好きだとか、時刻表を愛読しているとか云えば大抵人が笑う、馬鹿にする。我等の同好の士もおおむねそうらしくて、会社勤めであれば「ツーリスト・ビューロー」などという綽名《あだな》をつけられて、社員旅行や出張旅費の計算に重宝がられるくらいが落ちで、その無念さが凝って、時刻表の投書欄に集まって来るという趣があるようである。

しかし「交換室」欄は、限られた紙面で到底そういう人々の忠言や希望や喜びを充分には収録できない。実際の投書はあれに収められたものの何倍にも上り、全国各地のあらゆる職業、あらゆる年齢の人々から、時には便箋何枚にも細字でギッシリ詰まった手紙が来ているのであって、交通公社の出版部の時刻表編集係で、この収録しなかった利用者の声を集めたガリ版刷りのパンフレットが出来上っている。これを第一集、第二集ともらって読んで私は驚いた。

それは私などが到底足もとにも寄れないような、マニヤ達の声で充ちあふれている。福岡のある役所に勤めている人は、中学一年の時からこの時刻表を、毎月欠かさず購読しているといい、全国の急行列車以上はほとんど諳記《あんき》していて、夜も枕頭に時刻表を備え、眼が覚めると時計を見て「ああ、今十一時二十二分だな。そうすると、急行『げんかい』は今、下りは岡山の手前を走っており、上りは厚狭《あさ》に停車中だ。」そういうことを考えて独りで楽しんでいると述べ、十九の項目にわたって希望事項を書き出し、その中には、東海道線下り一二七列車京都行は平塚で一列車「つばめ」を待避するが、こういう普通列車の急行待避は、印をつけて記入してもらえると長旅に興味が深いと云い、こういう資料が御希望ならと、逆に交通公社に資料の提供を申し出ている。この人が並べ立てた十九項目の希望事項の中には、その後採り上げられて、時刻表の上に実現した事柄もあるようだ。

また兵庫県の田舎の人で、

「私は鉄道に最大の興味を持ち、特にダイヤの研究をしています、時刻表も昭和十二年より毎月かかさず求めており、書棚にもすばらしく沢山並びました。古いのでも一冊も売却せずに保存しています。これをみると日本の各都市及び地方の盛衰がわかり、よい資料です。もし読者諸兄に昭和十二年以前の時刻表をお持ちの方がありましたら御一報下されば幸甚です。」などと書いて来ている人もある。私は三、四年前、自分の小説の中に、昭和十七年の関釜連絡船の下関到着時分を正確に書こうと思って苦労したことがあったが、こんな人を知っていたら、どんなにか便宜を計ってもらえただろうと思った。肝腎の交通公社は焼けてしまって、昔の時刻表は残っていないのである。

そうかと思うと、鵠沼《くげぬま》の人で、同じ大阪東京間十時間の旅をするにも、まず京阪電車の自慢の特急で京都三条へ出て、京都で急行「きりしま」をつかまえ、その食堂車で昼食を済ませ、岐阜で「きりしま」を乗り捨て、名古屋鉄道の特急ロマンス・カーで豊橋へ走り、豊橋から急行「阿蘇《あそ》」に乗りついで東京へという離れ業ができるのも、公社の時刻表あればこそですなどと讃辞を呈し、そのあとで叱言を並べているのもある。私は調べてみたが、この「阿蘇」とあるのは現行では一〇〇二列車「西海」となり、そして今この酔狂な旅をやると「きりしま」で真っすぐ東上するより、約一時間長くかかり、費用が三等で約三百円高くつく。

また網走から鹿児島まで、駅名を全部宙《ちゅう》で云えると云って自慢している人もあり、全国の隣り合った駅名で、続けて云うと人名になるものを、萩玉江、乃木松江、安岡福江(山陰線)、金野千代(飯田線)、朝倉旭(土讃線)、高橋武雄(佐世保線)というふうに、二十幾つ丹念に挙げている人もある。

こうなってくると、興味の無い人にはいささか気違沙汰で、阿呆らしくて聞く気がしないかもしれないが、一般の利用者が案外《あんがい》知らなくて、もっと利用されるといいと思うのは、時刻表の終りの方についている主要旅客列車の編成表と利用状況の欄である。

これは馴染の無い人には、初めはわかりにくいかもしれないが、よく見れば馬鹿でないかぎり誰でも理解がゆくもので、これを見ることを覚えれば、次にすぐ続いて空《す》いた急行があるのに満員列車に乗って苦しんだり、フォームへ上ってからうろうろと「二等寝台はどの辺ですか?」などと駅員に訊いてみたりしなくても済むわけで、こんな手を覚えると、だんだんその人も列車の運行に興味を感じて、そのうち多少はわれわれの仲間らしくなってくるかもしれないのである。

なお、書物の校正を少しやったことのある人なら大概察しがつくであろうが、時刻表のこの顕微鏡的な数字の行列は、校正をやるものにとっては、実に大変な相手で、一度

「3」を「8」と誤植したが最後、何百人の人が汽車に乗り損うかわからないのであって、やっている人たちは「人生の墓場だ」とこぼしているそうだが、全国多数の時刻表マニヤの気持は、せめてものこの人たちの慰めの一つになっているかもしれない。

（昭和二十九年十一月）

米坂線109列車――昭和20年

宮脇俊三

疎開先の新潟県岩船《いわふね》郡村上は城下町で、城址《じょうし》のある臥牛山《がぎゅうざん》の西麓《せいろく》に武家屋敷の残る村上本町《もとまち》、北麓には町人の住んだ村上町があった。現在は両町が合併して村上市になっているが、当時は士族と商人とは行政区分を異にして住んでいた。

古い家並の商人町を歩くと、ところどころに名産の堆朱《ついしゅ》塗りの店があり、丹念に漆を塗る姿が見られた。

北方には山形県にまたがる朝日山地が奥深く重なり、そこから流れ下った三面川《みおもてがわ》が町の北側をかすめて日本海へ注いでいた。この川はサケ遡《そ》行《こう》の日本海側の南限で、清流のなかに捕獲用の柵が設けてあった。まだサケの季節ではないが、河原を歩くと、流れに網を投げてアユをとっている。すこし譲ってほしいと頼むと、快く分けてくれた。

村上は茶の産地で、茶畑と野菜畑とが町の西側に広がり、その先には日本海岸に沿って松をいただいた砂丘が南北につらなっていた。その砂丘の麓《ふもと》には、石油試掘中に噴湯したという瀬波《せなみ》温泉が湯けむりを上げており、旅館は傷痍《しょうい》軍人の保養所になっていたが、風呂は誰でも入れた。

空襲に明け暮れていた東京から来てみると、そこは別天地であった。すでにB29は新潟県にも現われるようになっていたから、ときに空襲警報が鳴り、町の人は緊張した面持ちで空を見上げたが、何事もなく警報は解除されるのであった。

私たち一家にあたえられた家は、士族町の一角の笠門《かさもん》を構えた古風で大きな建物であった。二階は大広間で、一階には小部屋がいくつもあり、四人で住むには大きすぎたが、一軒家に住めるとは疎開者として過分なことであった。

住みついて三、四日したある日のことであった。肥桶《こえおけ》をかついだ野良着姿のおじさんが現われ、便所の汲取口《くみとりぐち》を指さして何か言った。はじめ私は、便所の使い方が悪いと叱《し》られたのかと思った。それにしては相手の物腰が鄭重《ていちょう》なので、変だと思っていると、屎尿《にょう》を汲ませてほしいというのである。汲ませてほしいどころか汲んでいただきたいのが東京の人間の考えるところである。東京では屎尿が溢れても汲取人が来てくれなくて困っていたのだ。

つい最近疎開して来たばかりで、まだ少量ですがよろしくお願いします、などと私は言った。野良着のおじさんは、柄杓《ひしゃく》を汲取口に差しこんで、西洋人がスプーンでスープをさらうように丁寧に汲み終えると、これからも来るからよろしく、という意味のことを言い、些少《さしょう》ながらと私の掌に一〇銭玉をのせて帰って行った。私は、臭うような一〇銭玉を眺めて、田舎に来たとの思いをかみしめた。

肝腎《かんじん》の食糧にも恵まれた。米は配給以外には手に入らなかったが、カボチャがいくらでも買えたので空腹を覚えることはなかった。


当初の予定では、疎開先での生活の目途《めど》がついたら私だけ東京へ戻るはずであった。ところが、村上に着いてまもなく、父から、絶対に東京に帰って来てはならぬとの速達が届いた。汽車に乗ると機銃掃射を受けるぞという意味のことが候文《そうろうぶん》で書いてあった。父ははじめから私を疎開させるつもりだったらしい。

そうはいかぬ、夜行で帰れば大丈夫だと思っていると、また父から候文が来た。それには艦載機が東北から北海道まで行っている、新潟の汽車も安心はならない、とあり、しかも、帰京せらるるとも貴殿に与うべき食糧無之候《これなくそうろう》、などと書いてあった。父からの手紙は、洋行したときに何通かの絵ハガキをもらっていらい絶えてないことであった。私は村上を離れることができなくなった。

その間、B29は中小都市をしらみつぶしに焼いていた。新潟県でも長岡が八月一日に焼夷弾《しょういだん》攻撃を受けた。艦載機も連日のように来襲していた。北海道の鉄道さえ銃撃を受けた。青函連絡船《せいかん》が艦載機の集中攻撃を浴び、一二隻が沈没するというほぼ全滅に近い被害を受けたのは七月一四日であった。

大本営発表や各軍管区司令部の発表の内容も、それまでとは違ってきていた。「盲爆せり」とか「我方の被害極めて僅少《きんしょう》なり」といった言葉は影をひそめ、「相当の被害を生じたり」というふうに変ってきた。

そうした発表をもとに「空襲日録」をつけていた私は、帯広、銚子《ちょうし》、宇和島《うわじま》などさえ焼かれたのに、なぜ京都、広島、長崎が攻撃を免れているのか不思議でならなかった。アメリカ兵の捕虜収容所でもあるのかと思っていた。

八月七日の午後、大本営発表があった。

一、昨八月六日、広島市は敵B29少数機の攻撃により相当の被害を生じたり。

二、敵は右攻撃に新型爆弾を使用せるものの如きも詳細目下調査中なり。

その翌日から、ラジオは繰り返し「一機でも油断するな」と放送した。そして敵機が落下傘を投下した場合は新型爆弾かもしれぬから、敷布など白い布をかぶって地面に伏せよと告げた。それまでは「白」は敵機の眼につきやすいから着用するなと教えられていたのである。

その二日後、

「八月九日零時頃よりソ聯《れん》軍の一部は東部及西部満『ソ』國境を越え攻撃を開始し又其の航空部隊の各少數機は同時頃より北滿及朝鮮北部の一部に分散來襲せり」

との大本営発表（八月九日午後五時）があった。ソ連が参戦したのである。

これでは日本海側のほうが危険ではないかと緊張した翌朝、父がひょっこり村上へやって来た。当時の時刻表を見ると、夜行列車は上野発21時30分の新潟行・秋田行併結の705列車（新津からは805列車）一本のみであるから、これで来たにちがいない。二等車があったし、坐《すわ》れたからなと父は元気ぶっていたが、一カ月見ないうちにすこし痩せていた。父は六五歳になっていた。

母がいそいそと風呂を焚《た》きはじめると空襲警報が鳴った。あとで発表を聞くと、艦載機が新潟港や酒田港を銃撃したことがわかった。危いところだった。

父は山形県の大石田《おおいしだ》にある亜炭の炭鉱に行かねばならぬ用があり、その途次、回り道をして村上に立ち寄ったのであった。

大石田へ行くには、村上から羽越本線で海岸沿いに庄内平野の余目《あまるめ》まで行き、陸羽西《りくうさい》線で最上《もがみ》川沿いに新庄《しんじょう》へ抜け、奥羽本線に乗継ぐのである。私にとっては未知の区間だから、たちまち行きたくなった。父は艦載機が毎日のように来ているから駄目だと言った。大事な用がある自分は弾丸《たま》に当って死んでも名誉の戦死だが、お前は犬死にだ、と半分冗談のようなことも言った。

けれども、けっきょく私は父について行くことになった。切符の入手は、炭鉱調査の助手という立派な名目があるので問題はなかった。

八月一二日の朝、父と私は村上から大石田へ向った。何時の汽車で出かけたかは覚えていないが、余目で三時間も待って14時何分かの陸羽西線に乗った記憶があるので、これをもとに昭和二〇年九月号の「時刻表」（六月一〇日改正のダイヤを掲載）によって逆算すると、村上発8時47分の秋田行で出発したことになる。この列車は上野発前夜21時30分の夜行、つまり二日前に父が乗ってきた805列車である。

この列車が混んでいたかどうか覚えていない。空いていて思いがけず坐れたり、あるいは大混雑でデッキにぶら下ったり窓から乗ったりしたときは記憶に残りやすいから、おそらく、そのいずれでもなかったのであろう。二等車に乗ったはずだが、それも覚えていない。ただ、私たちの乗った車両の天井には、直径一センチぐらいの穴がいくつもあいていた。機銃掃射の跡である。斜めに撃たれたらしく、真上にある穴は暗かったが、向うのほうの穴からは光がさしこんでいた。

二〇年九月号の時刻表によれば、この列車の余目着は11時05分、陸羽西線の新庄行は14時36分発となっており、余目で三時間余りも待ったという記憶と一致するから、列車はほぼ定刻に走っていたと思われる。

余目で下車した私たちは、駅の付近を歩いた。日照りつづきで道がまぶしかった。町はずれには庄内米の水田が開け、稲が穂を出していた。「色がわるいな、これでは四俵もいかんだろう」と父が言った。肥料が十分あれば一反で六俵は穫れるのだそうだ。

駅前通りの店はどこも閉っていたが、小さな床屋だけが一軒開いていて、年輩のおやじが一人ぽつんと客を待っていた。私たちが入って行くと、おやじさんは愛想よくお茶を入れてきた。父の頭はほとんど禿《は》げていたが、それでも仕上るのに小一時間かかった。終ると父は「お前もかってもらえ」と言った。時間があり余っていたのである。

こうして私たちは余目で三時間半もの時間をもて余したのであるが、二〇年九月号の時刻表を見ると、村上発12時04分の秋田行があり、余目着14時30分、わずか六分の接続で14時36分発の陸羽西線に間に合っている。なぜこの列車に乗らず、三時間半も早く村上を発ってきたのか納得がいかない。汽車が遅れて接続しなくなるといけないと思ったのか、あるいは時刻表など手に入らなかったから、行き当りばったりに出かけてきたのか、どちらかだろう。

ただ、昭和二〇年九月号の時刻表を見ていると、はたして当時の列車がこの通りに運転されていたかなあ、と首を傾《かし》げることがある。空襲によって一時不通になったりダイヤが滅茶苦茶になったりしたという、そのことではない。戦争末期の汽車は混乱の極みで、ダイヤなどあってないようなものだったとされるが、それは部分的一時的なことであって、総体的に眺めれば意外なほど正確に走っていたのではないかと思う。私はときどき村上駅へ行って汽車を眺めていたが、駅に掲示してある時刻通りに列車は発着していた。

古い時刻表を眺めていると、私の記憶を甦《よみがえ》らせてくれることが多い。もうろうとした記憶がはっきりしてきて、忘れていたことさえ思い出してくる。たしかにこの時刻表はあの時のものだと思わせる。ところが、二〇年九月号を眺めていると、はたしてこれがあの時の時刻表だったのかと疑いたくなることがある。わずかな経験とおぼろな記憶しかないから、もとより断定的なことは言えないけれど、どうもそういう気がしてならないのである。事実、余目駅着14時30分の秋田行を私は見かけなかった。すくなくとも定刻には到着しなかった。

大石田の炭鉱は最上川を渡し舟で渡り、すこし登ったところにあって、粗末な炭住が小ぢんまりと建っていた。亜炭の炭鉱はどこでもそうであるが、規模が小さく影がうすい。山形県に炭鉱があることなど知らない人がほとんどだろうと思う。炭層が薄いので切羽《きりは》（坑道の奥の採掘箇所）も低く、坑夫は体を横にして掘っていた。

私たちはここで二泊した。当時はどこでもノミがいたが、ここのノミはすごかった。私は二晩ともよく眠れなかった。

坑夫はほとんど朝鮮系の人たちだった。日本人の監督者の命令に従って作業しているのだが、その態度には面従腹背の気配があり、無気味だった。三年前に行った北海道の石綿鉱山も朝鮮系の坑夫が多かったが、あのときは、まだそうした気配は感じなかった。

八月一四日も快晴で、朝から暑かった。頭痛がひどく吐気がした。起きようとしても目まいがして立てなかった。病気にかかったことはたしかだが病名はわからなかった。私は担架に乗せられ大石田の病院へ運ばれることになった。

担架を持つ坑夫たちの扱いは乱暴だった。最上川の渡しへ下る山道の途中で、私は二度も道端へころげ落された。

私は塩分不足による日射病にかかったのであった。病院で塩水を飲み、横になるとどっと汗が出てきて、一時間もするとウソのように元気になった。

天童《てんどう》温泉で一泊すると八月一五日である。連日のカンカン照りで、昼間の暑さが予想された。きょうは村上へ帰る日である。コースは、まず奥羽本線で山形を通って赤湯《あかゆ》まで行き、つぎに長井線《ながい》で今泉《いまいずみ》へ、さらに米坂線《よねさか》で坂町《さかまち》へ抜け、羽越本線で村上に戻るというものであった。行きと帰りのコースを変えたのは私の案だった。

宿の主人が、正午に天皇陛下の放送があるそうです、と伝えに来た。

「いったい何だろう」と私が思わず言うと、

「わからん、いよいよ重大なことになるな」と父が言った。しかし、宿の主人が部屋を出ると、

「いいか、どんな放送があっても黙っているのだぞ」

と小声で言った。

昭和二〇年九月号の時刻表によれば、私たちは天童発8時33分―赤湯着9時44分、同発11時02分―今泉着11時30分と乗継いだと思われる。赤湯での接続はもっとよかったような気がするが、時刻表を信じればこれしかない。今泉着11時30分は、私の記憶ともほぼ一致している。

今泉駅前の広場は真夏の太陽が照り返してまぶしかった。中央には机が置かれ、その上にラジオがのっていて、長いコードが駅舎から伸びていた。

正午が近づくと、人びとが黙々と集まってきて、ラジオを半円形に囲んだ。父がまた、「いいか、どんな放送であっても黙っているのだぞ」と耳もとでささやき、私の腕をぐ

っと握った。

この日も朝から艦載機が来襲していた。ラジオからは絶えず軍管区情報が流れた。一一時五五分を過ぎても「敵機は鹿島灘上空にあり」といった放送がつづくので、はたして本当に正午から天皇の放送があるのだろうかと私は思った。

けれども、正午直前になると、「しばらく軍管区情報を中断します」との放送があり、つづいて時報が鳴った。私たちは姿勢を正し、頭を垂れた。

固唾《かたず》を呑《の》んでいると、雑音のなかから「君が代」が流れてきた。こののんびりした曲が一段と間延びして聞え、まだるこしかった。

天皇の放送がはじまった。雑音がひどいうえにレコードの針の音がザアザアしていて、聞きとりにくかった。生《な》まの放送かと思っていた私は意外の感を受けた。しかも、ふつうの話し言葉ではなく、宣戦の詔勅とおなじ文語文を独特の抑揚で読み出したのも意外だった。

聞きとりにくく、難解であった。けれども「敵は残虐なる爆弾を使用して」とか「忍び難きを忍び」という生きた言葉は生ま生ましく伝わってきた。「万世の為《ため》に太平を拓《ひら》かんと欲す」という言葉も、よくわからないながら滲透《しんとう》してくるものがあった。

放送が終っても、人びとは黙ったまま棒のように立っていた。ラジオの前を離れてよいかどうか迷っているようでもあった。目まいがするような真夏の蟬《せみ》しぐれの正午であった。

時は止っていたが汽車は走っていた。

まもなく女子の改札係が坂町行が来ると告げた。父と私は今泉駅のホームに立って、米沢《よねざわ》発坂町行の米坂線の列車が入って来るのを待った。こんなときでも汽車が走るのか、私は信じられない思いがしていた。

けれども、坂町行109列車は入ってきた。

いつもと同じ蒸気機関車が、動輪の間からホームに蒸気を吹きつけながら、何事もなかったかのように進入してきた。機関士も助士も、たしかに乗っていて、いつものように助役からタブレットの輪を受けとっていた。機関士たちは天皇の放送を聞かなかったのだろうか、あの放送は全国民が聞かねばならなかったはずだが、と私は思った。

昭和二〇年八月一五日正午という、予告された歴史的時刻を無視して、日本の汽車は時刻表通りに走っていたのである。

汽車が平然と走っていることで、私のなかで止っていた時間が、ふたたび動きはじめた。私ははじめて乗る米坂線の車窓風景に見入っていた。

当時の石炭の質はわるく、熟練した機関士が兵隊にとられたこともあって、急勾配《こうばい》を登れないことがしばしばであったという。この列車も登り坂のトンネルのなかで力が尽き、釜《かま》を焚《た》きなおしたりした。破れた窓から石炭臭い濃い煙が容赦なく入り、父も私も窒息するのではないかと思うほど噎《む》せた。

けれども、宇津《うつ》峠の分水界を越えると、列車は別人のように元気をとりもどして快走しはじめた。列車は荒川の深い谷を幾度も渡った。荒川は日本海に注ぐ川である。ゴオッと渡る鉄橋の音に変りはなく、下を見下ろせば岩の間を川の水は間断なく流れていた。山々と樹々の優しさはどうだろう。重なり合い茂り合って、懸命に走る汽車を包んでいる。日本の国土があり、山があり、樹が茂り、川は流れ、そして父と私が乗った汽車は、まちがいなく走っていた。

昭和二〇年九月号の時刻表によれば、私が乗った米坂線の列車は今泉発13時57分の坂町行109列車であったように思われる。けれども、私は今泉発12時30分頃の列車に乗ったような気がしてならない。天皇の放送が終ると、待つほどもなく列車はやってきたのだ。

六月一〇日のダイヤ改正までは今泉発12時32分の107列車があった。この列車は15時05分に坂町に着き、一時間ほど待って16時18分の羽越本線の下り列車に乗ると村上には16時35分に着く。村上に着いて風呂《ふろ》をわかしているうちに日が暮れてきたから、おそくとも六時頃までには家に帰っていたはずである。今泉発13時57分に乗ったのであれば村上着は19時20分、すでに日は暮れている。どうもよくわからない。

しかし、昭和二〇年九月号の時刻表を信用することにしよう。天皇の放送を聞いたあと、坂町行の列車が来るまでの間、私の「時」は停止していたのだから。

時刻表から謎解きを

西村京太郎

思いがけなくベストセラーに

初めて書いたトラベル・ミステリーの長編は、一九七八年の『寝台特急《ブルートレイン》殺人事件』だった。カッパ・ノベルス（光文社）からの書き下ろしで、十津川警部が探偵役である。それまでは、自由に、好きなテーマで、書きたいものを書かせてくれた。十津川警部のシリーズもすでに書きはじめてはいたが、『消えたタンカー』や『消えた乗組員』のように、鉄道とはまったく縁がなかった。

ところが、編集者に、「あなたの作品は売れないので、今度は書きたいテーマを持ってきてください。こちらで判断しますから」と、いわれてしまったのである。そこで持っていったテーマが、昭和の初めの浅草と、ブルートレインだった。

そして、編集者が選んだのがブルートレインだった。私としては浅草の話を書きたかったのだが、編集者は、「それでは売れません」というのである。

一九七〇年代前半に蒸気機関車が、消えていった。電気機関車や気動車《ディーゼルカー》に取って代わられ、次々と廃車になっていったからである。そしてついに、一九七五年十二月をもって、蒸気機関車が牽引《けんいん》する、定期の旅客列車は姿を消した。

そのSLブームのあとに注目されたのが、ブルートレインである。当時、東京駅のホームに行くと、カメラを持った小学生や中学生がたくさんいた。

最近、少年たちの間で、ブルートレインの愛称で呼ばれる夜行寝台列車の人気がすさまじいと聞いていたが、それを裏書きするような光景である。

めったやたらに、列車に向かってフラッシュをたいたり、8ミリを回している少年もいる。ブルートレインさえ撮っていれば満足だという顔付きだ。

慎重に三脚をすえ、〈はやぶさ〉の発車を待っている子供もいる。

——『寝台特急殺人事件』

ブルートレインが入線すると、写真を撮りにわーっと集まってくる。列車の先頭にあるヘッドマークを、身を乗り出して撮ったりするので、危ないからと、柵《さく》が設けられたりした。なかには、切符を持っていないのに、発車前のブルートレインに乗り込んで、個室寝台の中を撮ったりする少年もいた。

そういうブームを知って、ブルートレインを舞台に、なにかミステリーが書けないかと思ったのである。ちょうど、国鉄の「いい日旅立ち」のキャンペーンも、大ヒットしていたから、編集者は鉄道ものがいいと思ったのだろう。

そこで、東京駅から、鹿児島へ向かうブルートレインの「はやぶさ」に乗った。当時、東京・西鹿児島間は、二十二時間ほどの旅だった。

ブルートレインの取材は初めてである。乗っているあいだ、車内をくまなく見て回った。真夜中に通過する駅のホームの様子とか、ストーリーに役立つかもしれないと、ずっと取材していた。同行した担当編集者は、キオスクで買ったお酒を飲んで、すぐに寝てしまったから、何でも自分で調べなくてはいけなかったのである。

車掌に、「この棚に死体は隠せますか?」と訊《き》くと、「人間一人ぐらいは隠せますが、鍵《かぎ》はかかりませんよ」と、教えてくれたりする。なかなか親切なのである。結局、一睡もしないで、終点の西鹿児島駅(現・鹿児島中央駅)に着いた。

こんな取材をもとに書き上げた『寝台特急殺人事件』は、じつは作者としては、あまり手応《てごた》えはなかった。ところが出してほどなく、編集者から「増刷しました」と電話がかかってきた。私にとって、初めてのベストセラーとなったのである。思いもよらないことだった。

そして、上野駅での殺人に端を発する『終着駅《ターミナル》殺人事件』で、一九八一年に第三十四回日本推理作家協会賞をいただいて、トラベル・ミステリー、とくに鉄道ミステリーが創作の中心となったのである。

再婚列車とは?

ただ、『寝台特急殺人事件』や『終着駅殺人事件』を書いた頃は、それほど時刻表に詳しかったわけではない。だから、鉄道に関する、いろいろな専門書や随筆を読ませていただいた。

なかでも、長谷川章さんの『鉄道面白事典』(一九八〇　実業之日本社)が、簡潔に、しかも、面白く書かれていたので、とくに参考にさせていただいた。

山陰本線に、「さんべ」という、面白い急行が走っているのを知ったのも、この本からである。

「面白い列車ですか?」

「ええ、『さんべ3号』は、鳥取から博多へ行く急行ですけど、途中の長門市駅で、山陰本線と、美祢線の二つに分かれるんです。途中で分かれる列車というのは、いくらもありますけど、『さんべ3号』の場合は、分かれたのが、また、下関で一緒になって、博多へ行きます。ですから、再婚列車ともいうんですって」

――「再婚旅行殺人事件」

最初は一本だったのに、途中で切り離され、別々の場所へと向かう列車は、よくあるので知っていたが、いったん分かれて、また、一緒になって、終着駅へ走るというのは、知らなかった。

いわば、離婚したのに、また同じ相手と結婚するような、ちょっと変わった急行列車に、犯人のトリックを仕掛けたのである。

残念ながら、山陰と博多駅を結び、夜行列車もあったその急行「さんべ」は、一九九九年に廃止されてしまった。現在の時刻表によると、山陰本線で博多駅まで直行する列車はない。当然ながら、再婚列車も走っていないので、今は「再婚旅行殺人事件」のトリックをそのまま再現することはできないのである。

何気ない疑問から

各ページに、数字が一杯詰まっている時刻表から、ミステリーのトリックを作り出すのは、容易なことではない。

かつて、鉄道トリックといえば、鮎川哲也《あゆかわてつや》さんが代表的な作家だった。『黒いトランク』(一九五六)や『黒い白鳥』(一九六〇)といった、鉄道アリバイ長編の傑作を発表されていた。時刻表が本文に組み込まれていたが、よくこんな難しいトリックを考えるものだと、感心していた。

だが、いざ自分で鉄道ミステリーを書きはじめ、時刻表をよく読んでみると、いろいろ面白いトリックが浮かんできた。

まだ東北新幹線が開通していない頃だが、東北本線を走る特急「やまびこ5号」で、盛岡へ行くことになった。上野駅発だが、時刻表を見ると、十四番線から、一四時三三分に発車すると書いてある。

発車前に写真を撮りたかったので、ホームに何時に入っているのかと調べると、入線時刻は、一三時四三分となっていた。ところが、何気なく、時刻表の他のページを繰っていると、同じ東北本線の上り特急「はつかり2号」の、上野着が一三時四三分で、十四番線に入ると書いてある。

これでは、同じ十四番線で、「やまびこ5号」と「はつかり2号」が、ぶつかってしまうのではないか⁉　そんな素朴な疑問を土台にして書いたのが、「新婚旅行殺人事件」である。トリックを解くのはもちろん、十津川警部である。

十津川は地図から眼を離し、しばらく考え込んでいたが、今度は大判の時刻表を取り出して、東北本線の頁を開いた。

メモ用紙に、「やまびこ」の時刻表を書き写した。

(妙だな)

とか、

(どうなっているのかね?)

と、口のなかで呟きながら、十津川は「やまびこ」の時刻表を見つめていたが、また、東北本線全体の時刻表に眼をやった。

四十歳になって、十津川の眼も、いくらか老眼気味になってきている。そのせいか、細かい数字を見ていると、眼が疲れてくる。ときどき椅子から立ち上がって、冷たい水道の水で眼を洗った。

一時間近く、時刻表と格闘していたろうか。最後に、十津川は「なるほどね」と、ひとりで肯《うなず》き、ニヤッとした。

これは、トリックを考えている、作者自身の姿でもある。

上野駅や東京駅のように、ホームがたくさんあるような駅では、自分が乗る列車が何番線から発車するのか、あらかじめ知っていれば、あわてずにすむのはいうまでもない。

たった一分の違いにも意味が

同じ名前の特急列車なのに、時間帯によって、出発や到着のホームが違うことがある。同じ列車なのに、日によって、発車や到着の時刻が違うことがある。

例えば、東京駅と房総半島を結ぶ外房線に、特急「わかしお」が走っている。時刻表を見ていると、上り「わかしお」のある列車の東京駅着が、土曜・休日には平日と比べて一分遅くなっているのに気づいた。

どうして一分違うのだろうか。わずか一分でも気になってしまう。調べてみたら、到着ホームが、その日、その列車に限って、地上になっているのだった。普通、「わかしお」は、東京駅地下にある京葉線のホームから発着するのだが、その上り「わかしお」は、土曜・休日だけ、地上のホームに到着していたのである。

京葉線ホームはかなり地下深く、ほかのホームとはずいぶん離れている。そこに到着するのと、地上のホームに到着するのとでは、他の列車へ乗り換えるときのルートも違ってくる。到着時刻だけ調べていたなら、到着ホームの違っていることには気づかないだろう。

この到着時間の一分の違いから、短編ミステリーが一作、書けるかもしれないのである。

また、土曜・休日だけ運転する「新宿わかしお」は、新宿駅発着である。友人が「わかしお」で東京に遊びに来る、と連絡があったとき、「わかしお」だからと東京駅に向かったら、すれ違いになってしまう。

時刻表では、すべての列車で、発着ホームの番線が記してあるわけではない。だが、わざわざ示してある場合には、そこに重要な旅の情報が、秘められているかもしれないのである。ただ、それを、ミステリーのトリックとして、生かせるかどうかは、また別の話である。

鉄道トリックでアリバイを

鉄道トリックの基本は、アリバイ工作だろう。日本の鉄道は、時間に正確なことで、世界的に有名である。だから、特定の列車に乗っていることが証明されれば、それは確かなアリバイとなる。ミステリー作家は、いわゆる時刻表トリックで、そのアリバイを偽造するのである。

ごく基本的で単純なパターンのひとつが、「急がば回れ」である。目的地まで何通りかの鉄道ルートがあって、遠回りに見えるルートのほうが、じつは目的地に早く着くようなトリックである。

たとえば、東京から山陰の出雲市へ向かう場合、山陰本線ルート、福知山線ルート、伯備《はくび》線ルートなど、さまざまなルートが考えられる。距離的には山陰本線ルートが一番短いが、倉敷から伯備線を利用したほうが、はるかに早いのである。

アリバイ作りのために、鉄道は走っているわけではない。鉄道を使った旅のスケジュールを決めるとき、目的地までのいろいろなルートを検討することが大切である。

もうひとつの基本トリックに、「追い抜き」がある。同じ路線で、後から出た列車が先行する列車を追い抜いたり、あるいは、新幹線が、並行する在来線の列車を、追い抜くような形になったりするケースである。そうすると、列車間の移動ができる。

東京と九州を結ぶ寝台列車が、何本も出ていた時代には、新幹線と寝台列車の、あるいは寝台列車間の乗り換えから、自然とアリバイ・トリックができた。新幹線を利用して、三本の寝台特急を乗り換えたこともある。

「のぞみ」が走りだす前には、「ひかり」が「ひかり」を追い抜くことがあった。乗り遅れたとアリバイを主張し、じつは後から発車する「ひかり」で追いつくというトリックが、可能な時代もあったのである。実際の旅でも、乗り遅れてしまったからといって、簡単にあきらめてはいけなかったのである。

ところが、「のぞみ」が中心になり、過密ダイヤが組まれている今の新幹線には、ミステリー作家に都合のいい列車は、なかなか走ってくれない。

在来線でも、急行がどんどん廃止され、優等列車はほとんど特急列車になってしまった。特急ばかりになってしまうと、先行する優等列車を、後発の優等列車が追い越すようなことは、なかなか起こらないのである。トリックの可能性が、どんどん狭くなっている。

かといって、まったくそんな例がなくなったわけでもない。例えば、札幌駅を出発する上りの「トワイライトエクスプレス」は、四十七分後に、やはり札幌駅を出発する上りの「スーパー北斗16号」に、東室蘭・洞爺《とうや》間で抜かれる。

豪華な寝台特急として、人気の高い「トワイライトエクスプレス」である。それに乗り遅れたら、悔やんでも悔やみきれないが、あきらめてはいけない。途中で追いつけるのである。だからといって、これをそのまま、ミステリーのトリックにできないのは、いうまでもない。トリックをうまく隠すテクニックが、必要である。

日本の鉄道がすごいと思うのは、一時間に一本ぐらいしか走っていない地方のローカル線でも、時刻表通りに走っていることである。だから、普通なら一分停車のところが、五分、六分の停車となっていれば、そこに何か理由があると考えるわけである。

上下線のすれ違いなのか、後続列車に追い抜かれるのか、あるいは機関車連結のような作業があるのか。時刻表から判断できることもあるし、実際にその駅に立ってみなければ、分からないこともある。

日本の鉄道の誇りである、列車運行の正確さが守られていれば、まだまだトリックの可能性はあるだろう。

時刻表は生きている

駅の「みどりの窓口」に置いてあるような、大判の時刻表は、千ページを超えているから、毎月、毎月、買っていては大変である。かといって、何か月も前の時刻表に頼ると、思いがけない失敗をすることもある。

豪華な旅といえば、北海道へ向かう寝台特急である。上野駅から「カシオペア」と「北斗星」、大阪駅から「トワイライトエクスプレス」と、三列車が走っているが、いずれも人気が高い。

その「トワイライトエクスプレス」の下りと、「北斗星」の上りが、深夜、時刻表には記されていないあるところに、同時に停まるという情報があった。それが本当なら、「トワイライトエクスプレス」から「北斗星」へ、あるいはその逆に乗り換えて、アリバイ工作ができるかもしれない。そう考えて、早速取材に向かった。

「あるところ」とは、駅ではなく、青森信号場と呼ばれているところだった。青森駅と東青森駅の間にあって、東北本線から（現在はこの区間は第三セクター「青い森鉄道」となった）、ここを経由すれば、いったん青森駅に入らなくても、直接、奥羽本線へ向かうことができる。「トワイライトエクスプレス」も「北斗星」も、青森駅で機関車の交換を行っていたのだが、東北新幹線の工事の関係で、二〇〇六年三月のダイヤ改正から、青森信号場で交換するようになった。その作業の関係で、深夜、二本の寝台特急が揃うようになった、というのである。

ところが、取材すると実際に全然揃わない。どうやら、またダイヤが変わったようである。は、ちょっと失敗してしまった。

機関車の交換のことまでは記されていないので、時刻表のせいではない。だが、こんなこともあるから、旅のスケジュールを決めるときには、ちゃんと最新の時刻表を見なければならないのである。

ちなみに、二〇一二年三月に行われるＪＲグループのダイヤ改正によると、「カシオペア」、「北斗星」、「トワイライトエクスプレス」の三列車とも、青森駅経由となっている。ただし、青森駅は「レ」のマークである。つまり、ただ折り返すだけで（駅の構造上、通過はできないので）、乗客の乗り降りはできない。もしアリバイ・トリックに利用するのなら、何か工夫が必要となる。

取材の時には、確かに成立したのに……

東北の五能線を走る「リゾートしらかみ」が、「蜃気楼ダイヤ」と愛称の付いた面白いダイヤで走っていた。観光客の多い、あきた白神駅、十二湖駅、ウェスパ椿山駅、深浦駅のどれかで途中下車して、数時間観光して駅に戻ると、また同じ「リゾートしらかみ」が待っているのである。指定席券も特例で途中下車が可能だった。

実際のダイヤはこんな感じである。

深浦駅まで行った列車が、戻って、いったん降りた乗客を乗せて、また深浦へと向かうのである。だが、そのUターンの運行が、時刻表に記載されていなかった。だから、時刻表上では、深浦駅にずっと停車しているように、見えたのである。つまり、時刻表にない列車が乗客を乗せて走っていたので、「蜃気楼ダイヤ」と呼ばれていたそうである。

十分間の観光停車もこの列車では設定されていたが、数時間あれば、かなり遠くまで観光に行ける。これは便利だと、「蜃気楼ダイヤ」という愛称が広まるほど、話題になっていたのである。私は、このダイヤをトリックに使った長編を、二〇〇六年三月に刊行した。

三人は、深浦駅に戻った。

改札口を通り、ホームに入っていく。途端に、

「あら？」

と、純子が、大きな声を出した。

「列車がいないわ」

確かに、ホームには、自分たちを待っているはずの「リゾートしらかみ3号」が見

えなかった。

「あの日は、ちゃんとホームで、待っていたんだね？」

亀井が、きいた。

「ええ、もちろん、それに間に合うように、私たちはあの日も、ここに帰ってきたんですもの」

「しかし、今日は、列車がホームに入っていないね。どうしたのかな？」

十津川が、いった。

「深浦の駅に戻ってきた時刻は、あの日と全く同じかね？」

亀井が、きいた。

純子が、時計に目をやってから、

「そういえば、あの日より、少しばかり、今日のほうが早いかも知れません。それにしても、本当に、どこに行っちゃったのかしら？」

純子が、不思議そうに、周囲を見ている。

その時、「リゾートしらかみ3号」が、ホームに入ってきた。ホームで待っていたほかの乗客たちも、ゾロゾロと乗り込んでいく。

――『五能線の女』

そして、すぐに、この作品はテレビ・ドラマ化されることになった。ところがこの「蜃気楼ダイヤ」は、もともと夏季限定のダイヤで、しかも、二〇〇五年で終わってしまい、二〇〇六年には、そのダイヤで運転する列車は走らなかったのである。テレビのスタッフはかなりあせったらしいが、ありがたいことに、撮影の時だけ、特別に、蜃気楼ダイヤで走ってくれたらしい。

時刻表はやはり生きているのである。こういうことがあるから、鉄道トリックはなかなか難しいのである。

そのミステリーのトリックが、効率的な旅のスケジュールを組むのに、あるいは乗り換えをスムーズにしたりするのに、役立つことがあるかもしれない。時刻表をただ、列車の時刻を調べるだけに使っていたのでは、ちょっと損なのである。

「時刻表」への招待　編者解説エッセイ

芦原伸

ある時高校生対象の講演会の場で、「もし無人島にひとり残されることになったら、一冊の本は何を選ぶか？」と質問したところ、『聖書』『ローマ人の物語』『源氏物語』などと東西の名著が挙げられたが、なかに『時刻表』と答えた生徒がいた。なるほど、と思った。時刻表が一冊あれば、日本中の空想旅行ができるし、一本々々の「スジ」を辿ることにより、各地の車窓風景や土地柄が想像できる。ことに古い時刻表があれば、新幹線開業や青函トンネルの完成など日本の現代史を知る資料ともなる。広告を見れば、その時代の気分も伝わってくる。

確かに時刻表が一冊あれば、相当の時間、退屈しないで済みそうなのである。

時刻表はかつては職場には欠かせない一冊で、経理担当者のデスクの上には必ず置かれていた。旅程の計画や出張の旅費算出には欠かせないものだったからである。ＩＴ情報の豊富な今では重厚な電話帳と同じで、もはや無用の長物と化しているか、と思いきや、書店のレジ近くにはＪＴＢ時刻表とＪＲ時刻表がいつも平積みで売られている。まだまだ需要があるようなのだ。

昔の時刻表には、扉をめくると最初に「時刻表のやさしい使い方」というページがあり、そこには暗号と数字のかたまりのような時刻表の記号の説明が書かれてあった。

手元にある昭和三九年一〇月号「全国ダイヤ大改正号」を見ると、「いろいろな記号の説明」があり、東海道線の四本の列車が例として掲げられ、例えば、一二時五七分発の修善寺・伊豆急下田ゆきの準急「第1あまぎ」は列車番号が801M（Mは電車の意味）、ホームは一二番線、入線時刻は一二時三七分、全席指定車で終着の修善寺には一五時二七分、伊豆急下田には一五時五〇分に着くことがわかる。

現在の時刻表でも主たる表示はさして変わらないが、古い時刻表にはさらにこの区間の情報として、難読駅＝国府津《こうづ》、函南《かんなみ》、特殊弁当＝横浜―シウマイ弁当（一五〇円）、名産＝東京―雷おこし（一〇〇円）が表記されている。

特記すべきは、各駅にある設備が記号で表されており、医療班、赤帽、洗面所、駅弁、電報取り扱い駅というような駅でのサービスを明記していることだ。

また、ケイタイが普通になった今では、考えられぬことだが、昔は走行する列車の乗客に電報を送ることができた。

昭和三〇年代のこと、名古屋から母親と上京したことがあった。当時の新型準急電車「東海」に喜々として乗って行ったが、横浜駅で伯父の急変を電報で知らされて、とんぼ帰りしたことがあった。当時は時刻表がそんな急場にも対応していたのである。

昭和の文豪にして、論壇家という阿川弘之（一九二〇―二〇一五）は、いまでこそ法学者の阿川尚之、エッセイストの阿川佐和子兄妹の父上と説明したほうが、通りがいいかもしれないが、自他ともに認ずる内田百閒の衣鉢《いはつ》を継ぐ〝文壇一の鉄道王〟であった。昭和三四（一九五九）年発行の、鉄道関連のエッセイを集めた『お早く御乗車ねがいます』（中央公論社）のなかで、「時刻表を読む楽しみ」を綴っている。

「いい年をして、汽車が好きだとか、時刻表を愛読しているとか云えば大抵人が笑う、馬鹿にする」と、自嘲しながら、当時あった時刻表のなかの「交換室」という欄のことを述べている。新聞紙面でいえば読者欄のようなページで、全国各地のあらゆる職業、あらゆる年齢の読者からの忠言や喜びを掲載しており、当時の交通公社の『時刻表』編集係では、この欄に掲載しきれない膨大な数の投書を集め、ガリ版刷りのパンフレットまで作っていたという。（今も「たいむたいむてぇぶる」として続いている）

例えば、網走から鹿児島までの全駅名をすべて暗記している人、隣り合った駅名が「萩玉江」（山陰線）、「金野千代」（飯田線）、「朝倉旭」（土讃線）、「高橋武雄」（佐世保線）などと人名となるケースを二十数例挙げてきた人などの手紙である。

さすがの阿川もこうした方々には脱帽の様子で、自分の小説の中で戦時中の関釜連絡船の下関到着時分を正確に記そうと苦労したが、こんな人を知っていればどんなに便宜を許ってもらえたか、と舌を巻いている。

阿川弘之は太平洋戦争中の昭和一七（一九四二）年、東京帝大を繰り上げ卒業し、旧帝国海軍が士官候補生を養成する目的で創設した海軍予備学生になる。その経験を生かし、『山本五十六』『米内光政』『井上成美』など、当時の提督を主人公にした伝記小説を描いて文壇にデビューした。

鉄道関連の代表作には、百閒センセイが及ばなかった海外の鉄道紀行を「南蛮阿呆列車」としてまとめた。また岡部冬彦（画家）と共著した絵本『きかんしゃ やえもん』は、五〇年以上を経たいまも読み継がれるロングセラーとなっている。

阿川弘之の『お早くご乗車願います』は、実は後の鉄道紀行作家として名を馳せた**宮脇俊三（一九二六―二〇〇三）**が担当編集者であった。

宮脇は東京・青山に育ち、幼いころに渋谷駅で〝忠犬ハチ公〟を実際に目にしていた世代にあたる。

東大理学部から文学部に転部し、卒業後、中央公論社（現・中央公論新社）に入り、辣腕編集者として活躍した。北杜夫を〝どくとるマンボウ〟でデビューさせたり、中公新書の立ち上げに携わったり、『世界の歴史』『日本の歴史』シリーズをヒットさせたりと、名編集者の道を着実に上り、中央公論社の常務取締役に就任した。

しかし、宮脇の鉄道好きは止まらない。管理職の宮脇は自分の趣味世界と会社経営の板挟みとなって呻吟《しんぎん》するが、それまで休日を利用してこつこつと続けていた〝国鉄全線完乗〟を、足尾線（現・わたらせ渓谷鐵道）間藤駅でついに達成。『時刻表2万キロ』を河出書房新社から発行することで、〝けじめ〟として中央公論社を退職した。

以降の紀行作家としての活躍は、周知の通りである。宮脇は鉄道旅行や時刻表の楽しみを、それまでのマニアから一般読者に広めた貢献者で、文壇でいえば、内田百閒、阿川弘之の志を継いだ第三の〝鉄道紀行作家〟といえるだろう。

そんな宮脇の著作の集大成とされるのが、平成九（一九九七）年に発刊された『増補版　時刻表昭和史』である。なかでも「米坂線109列車――昭和20年」は、屈指の佳品である。

太平洋戦争末期、新潟県村上町に疎開していた宮脇は昭和二〇（一九四五）年八月一二日、代議士を務めた父が経営に関わっていた炭鉱視察に同行して、山形県大石田町へ向かった。そして、村上へ帰る日、米坂線今泉駅で八月一五日を迎える。

「いいか、どんな放送があっても黙っているのだぞ」という父親と一緒に今泉駅に向かった。駅前広場は真夏の太陽が照り返してまぶしく蟬時雨が止まなかった。人びとが集まってきて、机に置かれたラジオを半円形に囲む。一二時ちょうどに〝玉音放送〟ははじまった。しかし、雑音がひどいうえにレコードの針の音が邪魔をして、よく聞き取れない。文語文なので難解である。放送が終わっても人々は棒のように立ったままだった。昭和二〇年八月一五日正午という、予告された歴史的時刻を無視して、日本の汽車は時刻表通りに走っていたのである。列車は何事もなかったかのようにホームに進入し、機関士はいつものように助役からタブレットの輪を受け取っていた。

宮脇は玉音放送のショックよりも、そんな非常時にも列車が約束通り正確に走っているという日常性に心打たれた。宮脇は車窓から風景を見やる。

——日本の国土があり、山があり、樹が茂り、川は流れ、そして父と私が乗った汽車は、まちがいなく走っていた。

『時刻表』の存在をさらに世に広めたのは、推理作家・**西村京太郎**（**一九三〇—**）だろう。西村の五〇〇冊以上に及ぶ〝鉄道ミステリー〟の功績は見逃せない。東京府立電気工業学校を卒業し、国の組織である臨時人事委員会（現・人事院）に勤務ののち、さまざまな職種を経て文筆活動に入った。

昭和五三（一九七八）年、はじめての〝鉄道ミステリー〟となる『寝台特急《ブルートレイン》殺人事件』を発表。『時刻表』の誌面からはうかがい得ないトリックを駆使した筋立ては、読者の心をとらえ、ベストセラーとなった。

主人公の警視庁捜査一課・十津川省三警部と、第二作『消えたタンカー』からレギュラーとなった亀井定雄刑事の人物設定の妙もあり、〝十津川警部シリーズ〟は大人気となって、多くがテレビドラマ化されている。

西村は、自らの創作活動の裏話を綴った「時刻表から謎解きを」で、『寝台特急殺人事件』執筆のきっかけを語っている。ちょうど国鉄の「いい日旅立ち」のキャンペーンがヒットしていたから、昭和の浅草とブルートレインの二つの企画を考えた。自分としては浅草の方が本当は書きたかったのだが、編集者がブルートレインを推した。その通り、編集者から「増刷しました」と電話があった。初めてのベストセラーで、思いもよらないことだった。

と、記している。その後、西村は『終着駅《ターミナル》殺人事件』『再婚旅行殺人事件』など、多くの〝鉄道ミステリー〟作品を発表していく。

鉄道トリックの基本をアリバイ工作にあるとする西村のこの文章は、日本の鉄道の特質をよく表している。

日本では『時刻表』通りに列車が来るのは当たり前のことだ。ローカル線での駅ならば一分停車が普通だ。ところが時刻表に五分、六分の停車となっていれば、そこに何かしらの理由があるはずだ。そこにトリックの仕掛けられる可能性が生まれ、アリバイ(不在証明)が成立するかもしれない。また西村は『時刻表』を読み込むうちに、たとえば外房線の上り特急「わかしお」の東京駅着時刻が、土曜・休日は平日に比べて一分遅いことに気づく。調べたところ、平日は地下の京葉線ホームに着く「わかしお」が、土曜・休日に限って地上ホームに到着するためだと、わかった。この到着時刻の一分の違いから、短編ミステリーが一作、書けるかもしれない。

こうして松本清張、鮎川哲也、そして西村へと続く〝鉄道ミステリー〟の系譜が、書き継がれていくことになった。

インターネットやスマートフォンなどの乗り継ぎ検索、運賃計算ソフトの普及により、〝紙〟の『時刻表』の存在意義は、以前に比べてずいぶん低下している。しかし、そこからはミステリーは生まれない。時刻表の裏側に隠された〝不可解なこと〟をそこでは見つけ出すことができないのである。

ちなみに日本のような一〇〇〇ページを超えるような時刻表は世界のどこを探しても見当たらない。先進国の欧米でも国内時刻表を一冊にまとめたものはなく、発着駅中心のタイムテーブルの小冊子が置いてあるだけである。月ごとに改編し、最新情報を網羅する時刻表こそ日本人の宝であり、移りゆく時代の証言者でもある。

鉄道員

ソーラン車掌

檀上完爾

道産子車掌のS形行路

札幌から釧路、または網走へ、そこからUターンして函館へ、そこでふたたびUターンをして札幌に帰ってくる。文字どおり北海道を縦・横断する乗務が、札幌車掌区の乗客専務車掌たちの乗務行路である。彼らは、この変形乗務をS形行路とよんでいる。ディーゼル特急『おおぞら』『おおとり』などが、彼らの檜舞台なのである。

ここ数年来の観光ブームで、毎年夏に北海道を訪れる観光客は、年ごとに増加の一途をたどっている。これらの観光客に、どうすればもっともっと北海道のよさを知ってもらうことができるかと日夜腐心しているのが、ほかならぬ札幌車掌区の乗務員たちなのだ。

人呼んで観光車掌

山田広専務車掌もそのひとりで、彼の場合、その執念はひときわ強い。ひと呼んで、彼のことを〝観光車掌〟といっている。

北海道観光列車の『エルム』がいよいよ終着駅の函館に近づくと、山田広車掌は感慨をこめた表情でマイクに向かう。

「これでいよいよみなさまともお別れでございますが、夏ばかりが北海道の観光シーズンではありません。トウキビやジャガイモがおいしい秋の北海道……、雪祭り、流氷祭り、そしてスキーツアーが楽しい冬の北海道に、ふたたびお越しくださるよう心からおねがい申しあげます。これはちょっと話がかわりますが、上野発の特急『はつかり』でまいりますと、函館で特急『おおぞら』に連絡いたします。早朝四時十分、暗やみのなかを『おおぞら』は発車いたします。そして約二十五分……列車は国定大沼公園にさしかかります。右側の薄暗い車窓に、ちょうど松島を小さくしたような大沼が見えてきます。活火山駒ケ岳が、その紫色の影を水面におとしています。その山麓を迂回しながらやや走りますと、突然前方に湖水のような太平洋が展開いたしますが、実はこれが噴火湾なのです。この湾をへだてて、洞爺湖《とうやこ》付近の山並みが見え、なかでもひときわ高いのが蝦夷《えぞ》富士といわれる羊蹄山《ようていざん》なのです。まだ太陽は上がっていません。刻々と茜色がその濃さを増してきます。長々とご説明しましたが、わたくしは、この風景をぜひみなさまに見ていただきたいのです。しかし、この景色だけは、シーズンオフでなければ見られません。いまでは、あまりにも早く夜が明けてしまうのです。北海道には、このようにかくれたベストセラーの風景が、ほかにもたくさんあるのです……」

長い旅行に疲れた乗客たちも、この真実こもった放送を耳にすると、ふたたび北海道を訪れる日を脳裏に描いて、車窓から目をこらし、最後の北海道の風景をくいいるように眺める。そのときの、乗客たちの表情をうかがうごとに、山田広は車掌としての満足感をしみじみと味わうのである。

同じ赤でも……

山田広の車掌歴は古い。昭和十七年十月、札幌車掌区車掌を拝命した。以来二十五年間、〝汽車〟とともに暮らしている。同僚や後輩たちは、それぞれ昇格試験を受けて助役や駅長になっているが、彼だけは相変わらず赤い腕章をまとって汽車に揺られている。しかし、彼には駅長の帽子の赤よりも、車掌の腕章の赤のほうが、よほど魅力がある。ずっと昔に山田の同僚で、現在は彼の上司である札幌車掌区のI首席助役は、彼の顔を見るたびにこうつぶやくのである。

「北海道の特急と山田専務は切っても切れない最高のコンビだ。彼ほど車掌の〝赤い腕章〟に惚れ込んでいる男はいない。いずれは北海道の特急から山田専務が姿を消す日もくることだろうが、その日のことを思うと、ひとごとながら胸が詰まる思いがする。」

こんどはいつくるの？

それほど汽車に惚れ込んでいる山田広にも、車掌であるがための悩みがないわけでもない。ひとたび乗務で家を出ると、三日から四日、汽車とともに暮らさなければならないのだ。汽車好きの彼にしてみれば、それは楽しい日常ともいえるのだが、玄関さきで彼を見送る三人の子供たちには、よくよく家に縁の薄い父親に見えるのも無理からぬことだ。あるとき、末の女の子が彼の顔をまっすぐ見つめると、

「こんどいつくるの？」

……といった。靴の紐を結ぶ彼の手が思わずとまった。

（これが父親を送り出す子供のことばなのか……）

彼は暗然とした気持ちで家を出た。まるで二号が旦那を送り出す台詞《せりふ》ではないか。

（それでは、おれの本宅は〝汽車〟というわけだな……）

山田の家は千歳線の沿線にある。すぐそのそばを、彼が乗務している列車が走る。昼間だとわが家の一角を車窓から眺めることができる。夜間では、その灯の明るさから、その屋根の下で自分の帰りを待ちわびる妻や子たちの面影を想像する。

子供たちが幼いころは、線路ぎわに並んで彼の列車に手を振っていたものだった。だが、成長するにつれそんなこともしなくなった。車掌の家庭生活とは、これほどにも味

気ないものなのだ。

丹頂鶴の群れが……!

そのとき、山田広が乗務する下り特急『おおぞら』は、根室本線の大楽毛《おたのしけ》駅付近を走っていた。あと十分あまりで終着駅の釧路に到着する。

この付近一帯には大楽毛原野がひろがっている。昔から丹頂鶴の生息地になっているが、最近は餌付けに成功した土地だけに多く集まるようになり、車窓からはめったに見かけることができなくなった。原野に毅然と細い首を直立させる丹頂鶴の気品ある容姿は、北海道以外では見ることのできない景観なのだ。観光客の多くは、車窓からその姿をひと目見ようと、鶴以上に首を長くして眺めまわすのである。

山田車掌は列車がこの付近にさしかかると、乗客掛や食堂車のウェイトレスたちを動員し、車窓から丹頂鶴探しに躍起となる。観光客たちにぜひとも見てもらいたいのだ。北海道の印象は、あくまでも自然に始まって、自然に終わるのだ。丹頂鶴の群れ遊ぶ風景こそ、北海道の代表的なものだと彼は信じている。

「専務さん、左の前方、あの白樺林の陰に鶴の群れが!」

車窓から目をこらしていた乗客掛が叫んだ。さっそく、彼は車内放送のスイッチをひねった。

「ただ今、列車の左手前方に野生の丹頂鶴の群れが見えてまいりました。ここは大楽毛原野で、この丹頂鶴たちは……」

そこまで言うと、ガラス越しの丹頂鶴の群れが、いきなりのっそりと動き出した。まことにのっそりと、その群れが移動しだしたのである。なんとよく見ると、それはひとつがいの牛だった。客室では、乗客たちが身を乗り出すようにして、窓ガラスに額をくっつけている。

「お客さま、なんとも申しわけありません。一刻でも早くみなさんにお知らせしようと思い、牛の姿を丹頂鶴と見間違えてしまいました。左前方の白と黒のブチは、まごうことなく牛でございます。どうぞご勘弁のほどおねがい申しあげます……。間もなく終着駅釧路に到着いたします」

彼は全身を汗にしてマイクのスイッチを切った。観光車掌の毎日には、ときにはこんな失敗談も秘められている。

ソーラン節をリクエストされる

翌日の上りは、特急『おおとり』の乗務である。やはり三組ほどの観光団が、二等車に乗っていた。山田車掌はなんとかして、きのうの失策の挽回をしたかった。

車内を巡回し、車掌室で一服つけているところに、初老の観光客が顔を出した。

「車掌さん、ソーラン節を聴かせてもらえないものかな、本場のソーラン節を……」

突飛もない注文が飛び出した。と、いっても、車内にはソーラン節のレコードなど備えつけてない。わけをいって丁重にことわると、その客は手をふって、「とんでもない、レコードなんて。車掌さんのその声で歌ってもらいたいのだよ。みんな楽しみにしているから……」

と、立ち去って行った。沿線案内ならともかく、歌となったらまるで音痴の彼は、ぜんぜん自信がない。はて、困ったと首をかしげた彼にすぐに妙案が浮かんだ。

ヤン衆のソーラン節

たしか釧路から、漁場帰りのヤン衆が四、五人乗り込んでいたはずだ。さっそくヤン衆のところにかけつけると、事情を話して特別出演を依頼した。いっぱい機嫌のヤン衆たちは、即座にこれをひき受けてくれた。

「みなさん、観光団のお客さまのたってのご希望で、これから本場のソーラン節をお送りすることにいたします。ちょうど漁場から仕事帰りのヤン衆のかたがたが、乗りあわせていらっしゃいましたので、得意のノドを披露していただきます」

彼の紹介でヤン衆のひとりがマイクの前に立った。

〽ヤーレンソーランソーラン、ソーランソーラン、ニシンきたかとカモメに問えば……。

潮風に鍛えられた渋い喉から、名調子が車内に流れた。観光団の車内からやんやの拍手がおこった。それに気をよくしたヤン衆たちが、入れかわり立ちかわりマイクの前に立った。企画は大成功だった。彼は観光団の上機嫌の表情にすっかり満足したが、そのすぐあとに予期しないことがおこった。

景気付けの盃にメートルをあげたヤン衆のひとりが、こともあろうにマイクに向かって、とんでもないソーラン節の替え歌を歌い出したのだ。その文句は、きくに耐えない卑わいなものだった。

翌日、札幌に帰った彼は、その足ですぐ管理局旅客課に出頭を命じられた。

「特急の専務車掌ともあろうものが、不見識も甚《はなは》だしい」

旅客課長はそれだけ言うと、どういうわけか、いきなり腹を抱えて笑い出した。日ごろから観光案内にすぐれた働きをしている山田広の存在を、この課長は以前からよく知っていた。その山田広がいまにも泣き出さんばかりの表情で恐縮しきっている姿が、課長の目にいかにもこっけいに映ったにちがいなかった。

課長もまた、山田広に劣らぬ観光熱心な道産子のひとりだったからだ。

H5系から始まる函館の旅

にわあつし

40年前の先輩の言葉が甦る

〝新幹線がついに海を渡る。２０１６（平成28）年3月26日開業〟

街でもＪＲ北海道の宣伝用キャッチフレーズが目につくようになった。鉄道書籍にはグリーンのボディにパープルの帯が走る色鮮やかなＨ５系列車が青函トンネルを抜け、白い雪化粧の北海道の大地に向かって走っているではないか。北海道に上陸した新幹線列車の姿を見て、私はとても感慨深い気持ちになった。

あれは１９７５（昭和50）年、私が新幹線の運転士になった頃の話である。

この時代、国鉄の赤字路線が次々と廃線に追いやられていた。そしてその多くは北海道の路線だった。北海道の大地に広がる自然の美しさは旅人を魅了させてくれるものではあるが、反面、冬の厳しさは想像を絶する。その北海道で蒸気機関車や気動車などの運転をしていた運転士達が、次々と廃線に追いやられたことで、職場を失くした。そして、夢を新たに新幹線運転士へと異動してきた彼ら北海道の〝ぽっぽや〟あがりの先輩運転士たちが、私が運転士として配属された東京第二運転所には集まっていた。

ある日の「ひかり号」運転乗務の時だった。一緒に乗務した北海道出身の先輩は、富士山が右側に見える田子《たご》の浦《うら》付近を走行中に話しかけてきた。

「静岡は温暖でいいな！　雪も積もらない。それに比べ北海道の冬はしばれる。冬のSLの峠越えは、厳しい寒さと吹雪で大変だ。でも、いつか北海道に新幹線がつながった時には、故郷に帰って雪原のなかを走る新幹線列車を運転をしたいなあ」

当時の新幹線計画には、もちろん北海道新幹線も含まれており、1980年代には開業か、という噂もあった。私は、嬉しそうに語る先輩の顔の奥底に、滲み出る故郷への思いを強く感じたものである。

あれから40年もの時が流れた。あの先輩もとうの昔に定年で退社した。彼は北の故郷に帰っただろうか。北海道新幹線の開業を迎え、その先輩を思い出すと、胸がじーんと締めつけられる思いがする。

函館へ向かって旅立つ

1月の末、突然の北海道新幹線試乗会への誘いに、私はひとり、函館への旅立ちとなった。地元の静岡駅から東海道新幹線「ひかり」に乗り込んだ。東京駅で東北新幹線

「はやぶさ」に乗り継ぎ、新青森からは在来線の「スーパー白鳥」に乗車。青函トンネルを抜けて一路函館に向かう。冬の函館だかなり寒いだろう、寒さが苦手な私の気持ちの中には、最新のH５系新幹線試乗への喜びと寒さへの不安が交差していた。

静岡から乗車した「ひかり」は、N７００A。バラスト軌道や多くのカーブでの走りも、最新セミアクティブ装置があるため実によい乗り心地を与えてくれる。私が運転していた０系新幹線とは格段の差だが、十数年も馴染み走った路線感覚は今も変わらない。東海道新幹線に乗ると、年齢を遡って働いている感覚が戻る、私にとっては懐かしい路線である。東京から新青森行「はやぶさ」に乗車。こちらは線路が直線で建設され東海道新幹線のように突然のカーブによる横揺れはない。また東海道のバラスト軌道のようなソフト感はないが、スラブ軌道の少し硬い独特な乗り心地だ。「はやぶさ」は国内最高の時速３２０㎞でみちのくを疾走した。

「まもなく新青森に到着致します」

職業慣れなのか、E５系「はやぶさ」が新青森駅入線時のATCブレーキがかかっているのを身体に感じ、下車支度をする。

新青森は真っ暗な闇の世界だった。発車を待つ７８９系特急「スーパー白鳥」のヘッドライトの明かりは、ライトグリーンも鮮やかな先頭車の色と混じりながら、ホームの白い雪を照らす色彩が実に幻想的だ。

私の乗った指定席はガラガラで、ほとんど旅行客だ。一方、自由席車両は地元のおばさんや学生などで満席に近い状態。こちらは本州と北海道とを往き来している地元客のようである。新幹線が開業すると津軽海峡を結ぶ在来線の旅客列車はなくなる。だが、このような地元客が多いからだろう、全席指定である北海道新幹線には、盛岡～新青森間などと同様に自由席料金で空いている席に座れる〝特定特急券〟で利用できるようになる。

「スーパー白鳥」は新青森駅を発車し、数分で青森駅に到着した。

私の中で北海道への鉄道旅の道のりは、ここ本州の終着駅青森で列車を降り、青森港から約4時間、怒濤渦巻く津軽海峡の荒海を青函連絡船に乗ってたどり着く、遥か遠い大地のイメージが強い。

私は国鉄に入社した頃を思い出していた。もう40年以上も前のことだ。鉄道旅が好きで国鉄に入った私は、国鉄職員の特権であった「鉄道パス」を使って北海道に何度も足を運んだ。急行列車の自由席まで乗ることができたので、上野から青森までを結ぶ夜行急行「八甲田《はっこうだ》」の座席車両によく乗った。上野を夜発車すると青森に到着するのは翌朝。列車を降りると眠い目を擦《こす》りながら、長いプラットホームを歩き、連絡船で津軽海峡を渡る。16時間かけてようやくたどり着く、まさに〝遥か遠い大地〟北海道であった。

いざ、津軽海峡を越え北海道へ

この北海道と本州の間にある津軽海峡は、人と人との出会いや別れの物語を生み出す〝人情海峡〟である。石川さゆりが歌った「津軽海峡冬景色」の歌詞には〝連絡船に乗り、こごえそうな鷗見つめ泣いていました〟と、人の別れを切実に語る寂しさがにじみ出ている。また〝はるばるきたぜ函館へ〟と歌い出す北島三郎の「函館の女《ひと》」では、愛する女性を捜して連絡船で函館に渡り、人生をやり直す男の生きざまが力強く表現されている。どちらの歌も当時日本中の人の心を震わせて大ヒットし、国民的歌謡曲となった。

列車に揺られるがままの鉄道の旅、は人生の思い出と共存できるから楽しい。

私は、津軽海峡で生まれた人情物語を思い出しながら函館に向かった。

いよいよ青函トンネル体験である。湿った車窓に薄く映る雪景色と、上りの黒いレールを目で追いながら、新幹線と共用する青函トンネルを含む約82㎞の区間に接続し3線軌条が始まるところを、わくわく気味で追っていく。

「あと7つのトンネルを過ぎると青函トンネルです」

車内ドア上の電光掲示板と車内のアナウンスでの青函トンネル案内は、旅の楽しさを演出してくれる。

1988（昭和63）年、約40年の歳月をかけて完成した全長53・9㎞の青函トンネルは海面下240mを走る。当時、世界一の海底トンネルをつくった日本のトンネル技術の素晴らしさに感動である。真新しい北海道新幹線の駅が見える木古内駅に止まり、20時56分、「スーパー白鳥」は函館駅に到着した。東京からの所要時間は実に5時間36分。それが、2カ月後には4時間2分（東京〜新函館北斗間の所要時間）へと短縮される。トンネル開業から数えても28年、ようやく北海道がもう一歩東京へと近づく日が、まもなくやってくる。

翌朝は、H5系の試乗のために新函館北斗駅へと向かった。この駅は、無人駅であった渡島大野《おしまおおの》駅に隣接して造られ、函館からは普通列車で25分の距離にある。

ひと足先にH5系を体験する

新函館北斗駅は、みるからに北海道の大地に腰を据えたような黒く堂々とした駅舎である。駅舎コンコースはコンパクトに造られて動きやすく、在来線で札幌方面や函館に向かう「はこだてライナー」の乗り換えの移動も大変分かりやすい。

予定時間になり試乗列車H5系の入線時間が近づいた。入線するホームの外は、昨晩降った雪でほとんどレール面が隠れ一面銀世界だ。〝線路が積もった雪で隠れている。走りは大丈夫だろうか……〟元運転士として私は大変気になった。やがてグリーンのH5系列車が、線路上の雪を舞い散らしながら走って来た。

「すごいな、ラッセル車並みだ」

レールをこするような音を響かせながらホームに入るH5系列車に、私は驚きと憧れを感じた。ホームに入る直前までの走行音は、雪の中に埋もれほとんど聞こえなかった。ホームから車両を眺めてみると、1・3・5・7・10各号車のボディ両側面には、シロハヤブサと北海道の絵をミックスしたシンボルマークが描かれ、彩香パープルのラインがボディ中央に帯状に引かれ、とても精悍《せいかん》なスタイルだ。

さて車内に入る。普通車両の座席中央床の絨毯《じゅうたん》には、雪の結晶のデザイン。そしてアイヌの文様、縄文土器をモチーフにした座席のロールカーテンなど、車内は北海道の雰囲気を醸し出している。座席に座ると、足元には電源用コンセントがついていて大変便利だ。

座席に落ち着くと、まもなく列車が発車した。静かな加速でぐんぐんと速度を増していく。トンネルが続く新函館北斗〜木古内間約37kmを、わずか約13分の試乗だ。車窓から眺める雪景色のなかに函館山が見え、北海道を走っている実感に私は心が踊った。

車内の放送で、H5系は最高速度は時速320kmを誇るが試運転では時速210kmに抑えられて走る、と案内された。

「さすが！　この雪のなかを210kmの速度で走るなんて！」

揺れも少なく走行にも違和感がないことに感動をおぼえる。私の運転していた0系は最高速度が時速210㎞だったが、雪にはめっぽう弱かった。雪景色に、東海道新幹線運転の時の関ケ原を思い出さずにはいられなかった。岐阜羽島から米原間は1㎞走るごとに20ｍの坂を登る20‰《パーミル》の長い勾配区間。そこに雪の降る日は速度を時速70～110㎞まで落とし、ノッチをひとつひとつ刻みながら走りを確認し、滑走しないよう全神経を尖らせて0系列車を運転した。その苦労を振り返ると、この北海道新幹線のH5系は、雪の被る軌道を何の不安もなくスムーズに走ってゆく。

北海道新幹線では、雪の舞い上がりを防ぐスプリンクラーの散水も凍ってしまい、効果がないという。除雪は、線路の分岐器部分にエアジェット式の装置を配備することで雪を吹き飛ばしている。さらにカバーをまとったH5系車両の台車には、ヒーターや空調の排風熱を利用した融雪装置を備え、厳しい寒さと雪に対処している。

「H5系列車を運転して、雪の関ケ原を時速210㎞で走りたい！」

試乗中、雪景色をながめながら、そんな夢を思い描いていた。

懐かしき青函連絡船「摩周丸」へ

渡島大野から函館に戻り、〝さかまく波をのりこえ〟て来た昭和の旅を代表する青函連絡船「摩周丸《ましゆうまる》」へと足を運ぶ。先ほどのH5系から一転して、約30年前の鉄道風景へと時空を超える。

「この連絡船で津軽海峡を越え、函館駅のホームまで歩いたんだ」

若き頃に幾度も北海道を訪れた記憶が、目の前に浮かぶ連絡船と重なり、しばしたたずむ。貨物輸送もした巨大な連絡船の船内を巡り操舵室に入ると、そこにはまるで0系の運転席のような空間が広がっていた。私は思わず舵のハンドルの前に立ち、懐かしさのあまり「あっ！」と叫んでしまった。薄緑色の配色、電話の受話器、各スイッチなど、私が運転していた0系新幹線の運転台に雰囲気がとても似ていて親近感を覚えたのだ。

そして船内でガイドをしていた、1988（昭和63）年に連絡船が終航となるまで船長をしていたという、山田武男さんとも意気投合する。

「この船の操舵室の色は国鉄色ですよ」

と聞かされ、「やっぱりね」と、お互いにうなずきながら、まるで同僚のように会話がすすんだ。

「この津軽丸Ⅱ型の摩周丸は〝海の新幹線〟と呼ばれたそうです」

その理由は、それまでは青森から函館まで4時間30分かかっていた青函連絡船だったが、1965（昭和40）年の摩周丸の就航により3時間50分になったというスピード化がひとつ。さらに何よりも、前年に開業していた東海道新幹線の、藍とクリームのツートンカラーにそろえて塗られたことだ。「新幹線の色だ」と山田さんは自慢気に話していた。

当時40分の時間短縮に成功した〝海の新幹線〟。その後、青函ルートは、青函トンネルの開通により快速「海峡」での所要時間が約2時間となり、いよいよこの3月には約1時間となる。摩周丸就航から51年の時を経ているが、その技術の進歩は驚くべき時間短縮をはかったことを実感する。

「お元気で頑張って下さい」

お互いにエールをおくり合いながら、摩周丸をあとにした。

函館の醍醐味、海の幸を堪能する

函館駅前からは市電で「はこだて自由市場」に向かう。プロ調理人御用達の市場ということで、新鮮な食材が揃っていること間違いなしだ。その市場内に、海の幸をたっぷり盛りつけたどんぶりを食べさせてくれる店があるというのだ。これぞ北海道というどんぶりに期待し、噂のすごい店を訪ねる。

市場内奥に目指す「市場亭」があった。「おすすめは全部のネタがのった『全部丼』です。シマエビの刺身をはじめ7種類の具が山盛りで、新鮮で最高のネタをのせてますよ」

話を聞くうちに舌が疼《うず》いてくる。早速その全部丼を注文すると、店主は市場内に駆けて行ってしまう。誘われるがままについていくと、数軒の店をめぐって丼のネタをひとつひとつ仕入れているではないか。この店の特徴は素材を店に置かないこと。注文してから仕入れるという、市場の食堂ならではの面白いシステムで楽しませてくれるのだ。そして完成した「全部丼」３５００円。シマエビを筆頭にして、ウニ、イカ、イクラ、カニ、ホタテ、マグロと新鮮な北の海の幸７種類が、どんぶりからこぼれ落ちそうなくらいぎっしりとのっている。これぞ港町函館！　その味覚を思う存分に堪能することができた。

再び市電に乗り、２系統の終点、函館山の麓にある谷地頭《やちがしら》を訪れる。市電１日乗車券は６００円乗り放題で、一回券が最低２１０円だから、３回乗れば元がとれる計算だ。茶褐色の熱めの湯が心地よい谷地頭温泉、それから函館山の夜景と市電で移動し、しっかり元を取りつつ、今夜の宿である「湯の川プリンスホテル渚亭」に向かった。

「いらっしゃいませ、ようこそ」

担当してくれる仲居さんが、私たちを笑顔で迎えてくれた。新幹線について尋ねると、

「今は道内からのお客様が多いんです。新幹線が青函トンネルを越えて函館に来ることで、いちばん来やすいお客様は東北からでしょうか。東京から新函館北斗へと、もっと多くのお客様が来てくれることを楽しみにしています」

そう、優しい目で話してくれた。

５階の客室に案内され、窓の外を見ると目の前は津軽海峡だ。客室の露天風呂で、打

ち寄せる砂浜の波を眺めながら湯につかれる。この日は疲れを露天風呂で癒し、海の幸あふれる夕食を楽しみ床についた。

昭和30年代の鉄道シーンを体感

快晴の朝、タクシーで北島三郎記念館に向かう。だが、途中で市電湯の川温泉電停の横を通りすぎたとき、

「運転手さん、ちょっと止めて下さい」

と、タクシーを止めた。

外を走る市電に500形の古い車両が目についたのだ。そこでタクシーを降り、500形市電に乗り込んだ。1948（昭和23）年に登場し今は2両しかない貴重な市電だ。レトロな市電旅を楽しみ「北島三郎記念館」を訪れた。必見は、歌手をめざした時代を再現したヒストリーゾーンだ。ここでは、北島少年が通学に使った国鉄松前線の渡島《おしま》知内《しりうち》駅、そして通学列車の車内が再現されているほか、歌手になる夢を抱いて乗船した、青函連絡船も再現されている。

54（昭和29）年の北島青年にとって、連絡船は希望に満ちた旅立ちの航路。当時、東京まで約19時間かかったことを考えると、不退転の思いでデッキから函館山を見送ったのかもしれない。それが新幹線ならわずか4時間だ。夢と希望の街・東京も日帰りすら

可能になる。高速化で便利にはなるものの、第二、第三の北島三郎は生まれないかもしれない、とふと思う。

新幹線開業を待つ木古内へ

函館駅から13時23分のキハ40形普通列車で江差線を木古内に向かう。雪深い海岸線の小さな駅に列車が止まる。列車から一人降り、そしてまた一人乗る。人々の表情には、住む町の生活感がにじみ出ている。

何となく寂しかった江差線の旅は、都会ではあり得ない不思議な旅情を心に刻ませる。この路線は新幹線開業と同時に、あらたに第三セクターの「道南いさりび鉄道」として生まれ変わり、観光列車の運行も予定されているという。

新幹線が止まる木古内は、寂しい旅情を見せる江差線に急に現れる明るい町だ。駅前にできた道の駅「みそぎの郷」は、２０１６（平成28）年1月13日に開業し、新幹線の開業を待ちわびるこの街の最新スポット。地元の物産や銘菓、旬の食材を生かしたレストランが旅人を待ち受けている。その「みそぎの郷」にも食堂はあるが、駅前から警察署前へと移転した懐かしさ漂う「急行食堂」へと足を運んだ。

ここの焼きそばは、本当に旨い。88歳のおばあさんがひとりで切り盛りし、長年鉄道ファンに親しまれてきた店。津軽海峡を渡る急行は新幹線の開業とともに姿を消すことになるが、この〝急行〟の暖簾《のれん》のまま、新幹線でやってくる旅人をいつまでも迎えていて欲しい店だ。

ここの鉄道職員やファンで人気の名物焼きそばの食事をすませ、私は帰途につき、再び津軽海峡を越える。

青函トンネルへと向かう特急「スーパー白鳥」で銀世界の車窓を眺めながら、40年前に聞いた先輩運転士の言葉を思い出していた。

「雪原のなかを走る新幹線を運転してみたい」

2016（平成28）年3月26日、開業はもうすぐだ。先輩の夢はかなわなかったが、ついに新幹線が北海道を走り始める。東京からはわずか4時間2分の最速達列車「はやぶさ」に乗れば、一直線で北海道の大地だ。函館の街は、新幹線で北海道入りするたくさんの旅人を待っている。これからは新函館北斗から新しい旅の世界が始まる。

2カ月後に開業すると実感できるであろう「トンネルを抜けるとそこはもう北の大地」が、待ち遠しくなる旅だった。

「鉄道員」への招待　編者解説エッセイ

芦原伸

昭和二四（一九四九）年に発足した国鉄には、合理化が進められる一九七〇年代まで、およそ四〇万人の職員が在籍していた。よくも悪くも「国鉄一家」という一大職能集団が約二〇年にわたって存在していたのだ。

高い運転技術をもった機関士や金鎚ひとつで動輪のほころびを見抜く整備員、鉄道公安職員（スリの摘発に凄腕を発揮した）などまさに多士済済。一般の人の目に触れないところに、たくさんの〝神様〟がいた。

山田線宮古駅前にはC58283の記念碑が立っている。昭和一九（一九四四）年三月のこと、突然の雪崩により機関車が谷底に転落。機関士は瀕死の重傷を負いながらも、機関助士を通報に走らせた。自らの命よりも後続列車による事故の拡大を防いだのである。この美談はのちに映画化され、『大いなる旅路』は多くの人々に感動を与えた。『鉄道員《ぽっぽや》』（原作・浅田次郎）、『すずらん』（脚本・清水有生）も、時を同じくして、北海道のローカル線の駅長をめぐる人生劇だった。物静かで、律儀で、心優しい駅長が万感の思いを秘めて職場を去る——日本人の奥ゆかしさ、いたわり、沈着さがいぶし銀のように光る駅長人生が消えていったのだ。たとえ歯車のような日常であっても、そこには安全と約束を守る信念が貫かれていた。

国鉄職員の出身だった檀上完爾（一九二九―二〇一六）は、そんな鉄道員の仕事ぶりや人生を『赤い腕章』『鉄道一代』など多くの著作で広めた。

檀上は一五歳で海軍飛行予科練に入隊する。予科練は、自らが砲弾代わりとなって敵艦を沈めようとする特攻隊員の養成機関だった。終戦により〝特攻くずれ〟の身となった檀上は、家族が疎開していた岩手県水沢町に帰り、水沢駅員として出発する。やがて踏切警手を経て車掌となった二九歳の時に、食堂車のウェイトレスだった女性と結婚した。

その自らの体験を生かして書き下ろした小説『東海道すれちがい夫婦』が好評で、国鉄広報誌に連載され、さらに単行本化、NHKテレビでドラマ化もされた。

ここに選んだのは、檀上の代表作『赤い腕章』の一章だ。赤い腕章とは車掌のシンボルで、本著には全国各路線の最前線での〝名物車掌〟の奮闘ぶりが多数、収められている。

檀上自身も長い車掌暮らしを経験してきただけに、そのまなざしと文体は温かい。「ソーラン車掌」には、終着駅・函館に近づいた観光列車「エルム」の、ある専務車掌の乗客へのサービスぶりが描かれている。当時の専務車掌は積極的に観光ガイドのサービスを行っていた。

おそらく檀上も、現役の車掌時代に同じような思いをしたことがあったのだろう。旅好きであり、酒好きであり、いつも暖かく人を迎え、優しい笑顔を忘れなかった人柄がエッセイの隅々に滲んでいる。

裏も表もない鉄道人生をまっすぐに歩いた人だった。

一緒に旅をしたこともあった。赤ら顔で「芦原さん、まあ一杯ゆきましょう」と差し出された地酒の温もりが今も忘れられない。平成二八（二〇一六）年死去、葬儀には〝どんこう会〟と称する昔からの鉄道仲間が集まった。

「皆さん、こっちの世界もいいものですよ」

安らかに眠るお顔はうっすらと笑みがこぼれるようで美しかった。

にわあつし（一九五一―）は地元静岡の高校を卒業して国鉄新幹線総局運転部門に入社した。

新幹線の運転士はあこがれの的で、ＪＲの運転士になるには駅職員、車掌の経験が必須で、その後運転士の試験を受ける資格が得られる。営業部門を経験することで、運転士にも広い視野をもたせようという発想からだ。しかし、にわのいた当時の国鉄では部門別の採用で、はじめは雑用の整備掛、次いで車両を整備する車両掛を一定期間経験すると、新幹線運転士の受験資格が得られた。

にわは入社後五年目で受験し、半年間にわたる試験期間を経て合格した。数百人の受験者のなかで合格したのは、わずか三〇人だったという。

昭和五〇（一九七五）年、東京第二運転所に配属され、0系新幹線のハンドルを握った。見習い期間の総運転距離は三万キロ近くに及んだ。多数の乗客の安全を第一とする新幹線の運転には、それだけの時間と経験を積まねばならない。

そのころ、「ひかり」でにわとペアを組んだベテラン運転士が東京から熱海までの間、制限速度いっぱいのスピードを維持し、三分の余裕をつくり出した。そして熱海駅の手前まで来たとき、ブレーキを作動させた。

「花火大会を見ていくぞ」

突然のブレーキに驚いて車内電話をかけてきた車掌に、「花火大会だ。お客へのサービスだよ！」と伝えると、車掌は「はい、わかりました」と了解した。乗客は手をたたいて喜び、もちろん名古屋到着は定時だった。

そんな古きよき時代を経て、国鉄は昭和六二（一九八七）年に分割民営化された。にわはその直前に退職し、経歴を〝国鉄マン〟としてまっとうした。

それからおよそ四〇年、時は巡り、新幹線は北海道まで延伸した。にわは新函館北斗〜木古内間の上り試運転列車に乗車した。

0系新幹線は、最高速度が二一〇キロだったが、雪にはめっぽう弱く、遅延、苦情が多かった。雪景色に、にわは東海道新幹線運転時の関ケ原を思い出していた。

底本一覧

各駅停車

種村直樹「三陸で念願の国鉄全線完乗――久慈線・宮古線・盛線」『鈍行最終気まぐれ列車――1970―80　懐かしの汽車旅へ　種村直樹傑作選』実業之日本社（二〇一五年）

立松和平「東海道本線各駅停車の旅」『ヤポネシアの旅』朝日文庫（一九九〇年）

川本三郎「中央本線各駅停車に乗る楽しみ――井伏鱒二『荻窪風土記』のこと、松本清張『黒い樹海』のことなど」『小説を、映画を、鉄道が走る』集英社文庫（二〇一四年）

蒸気機関車

竹島紀元「雪の行路」『愛しの蒸気機関車』祥伝社新書（二〇〇七年）

関沢新一「機関車との出会い」『汽車がゆく、だから僕も……――ある機関車ファンの華麗な体験』毎日新聞社（一九六九年）

芦原伸「夕張炭鉱へ。最後の蒸気列車の旅」『鉄道ひとり旅――郷愁の昭和鉄道紀行』講談社（二〇〇八年）

夜行列車
内田百閒「雪解横手阿房列車」『第二阿房列車』新潮文庫（二〇〇三年）
酒井順子「お疲れ様、「出雲」。お疲れ様、餘部鉄橋」『女子と鉄道』光文社文庫（二〇〇九年）
森ミドリ「〝星の音〟を探しに「北斗星」に乗る。」『旅と鉄道二〇一五年四月増刊号』天夢人（二〇一五年）

駅
太宰治「列車」『決定版　太宰治全集2』筑摩書房（一九九八年）
参考文献『太宰治全集1』ちくま文庫（一九八八年）
井上靖「姨捨」『補陀落渡海記　井上靖短篇名作集』講談社文芸文庫（二〇〇〇年）
岡田喜秋「駅の花・駅の顔」『旅情を感じるとき』河出書房新社（一九八二年）

駅弁
吉田健一「駅弁の旨さに就て」『汽車旅の酒』中公文庫（二〇一五年）
五木寛之「さらば横川の釜飯弁当」『五木寛之全紀行5　金沢はいまも雪か　金沢・京都・日本各地編』東京書籍（二〇〇二年）

小林しのぶ「四国駅弁食べ歩き1泊2日」『『駅弁』知る、食べる、選ぶ』ＪＴＢパブリッシング（二〇〇二年）

時刻表

阿川弘之「時刻表を読む楽しみ」『お早く御乗車ねがいます』中公文庫（二〇一一年）
宮脇俊三「米坂線109列車――昭和20年」『増補版 時刻表昭和史』角川ソフィア文庫（二〇一五年）
西村京太郎「時刻表から謎解きを」『十津川警部とたどる時刻表の旅』角川ＯＮＥテーマ21（二〇一二年）

鉄道員

檀上完爾「ソーラン車掌」『赤い腕章――昭和の国鉄車掌物語』クラッセ（二〇一三年）
にわあつし「Ｈ５系から始まる函館の旅」『旅と鉄道二〇一六年四月増刊号』天夢人（二〇一六年）

・本書は文庫オリジナル・アンソロジーです。
・本文の表記につきましては、原則として、新漢字・現代かな遣いに改め、ところどころにルビを補いました。
・一部に今日の人権意識に照らして不適切と思われる語句や表現がありますが、作者（故人を含む）が差別を助長する意図で使用していないこと、時代背景、作品の歴史的価値を考慮し、初出のままとしました。

JASRAC　出1715210―701

宮脇俊三
鉄道紀行セレクション　小池滋編

名編集者であり、鉄道ファンとしても知られる著者の鉄道紀行集。全著作の中から、世代を超えて読み継がれ愛されるユーモアあふれる作品を厳選。

鉄道地図　残念な歴史　所澤秀樹

赤字路線が生き残り、必要な路線が廃線になるのは、なぜ？　路線図には葛藤、苦悩、迷走、謀略が詰まっている。矛盾に満ちたその歴史を暴く。

ブコウスキーの酔いどれ紀行　チャールズ・ブコウスキー　中川五郎訳

泥酔、喧嘩、二日酔い。酔いどれエピソードと嘆き節がぶつかり合う、伝説的カルト作家による笑いと涙の紀行エッセイ。（佐渡島庸平）

旅に出る
ゴトゴト揺られて本と酒　椎名誠

旅の読書は、漂流モノと無人島モノと一点こだわりガンコ本！　本と旅とそれから派生していく自由な思いのつまったエッセイ集。（竹田聡一郎）

寝ころび読書の旅に出た　椎名誠

いつか探検隊に入るのだ！と心躍らせた小学生時代から現在までに読んだ、冒険譚、旅行記、科学もの、SFまで。著者の原点となる読書エッセイ。

旅の理不尽　宮田珠己

旅好きタマキングが、サラリーマン時代に休暇を使い果たして旅したアジア各地の脱力系体験記。鮮烈なデビュー作、待望の復刊！（蔵前仁一）

四次元温泉日記　宮田珠己

迷路のような日本の温泉旅館は、アトラクション感あふれる異次元ワンダーランドだった！　名湯を巡る珍妙湯けむり紀行14篇。（新保信長）

旅するように読んだ本　宮田珠己

読書とは頭の中で旅をすることでもある。旅好きで本好きなタマキングが選んだ、笑える人文書たち。あなたも本で旅をしませんか。（椎名誠）

地名の謎　今尾恵介

地名を見ればその町が背負ってきた歴史や地形が一目瞭然！　全国の面白い地名、風変わりな地名、そこから垣間見える地方の事情を読み解く。（泉麻人）

地図の遊び方　今尾恵介

たった一枚の地図でも文化や政治や歴史などさまざまな事情が見えてくる。身近にある地図で、あなたも新たな発見ができるかも?!（渡邊十絲子）

リテラリーゴシック・イン・ジャパン
高原英理編
世界の残酷さと人間の暗黒面を不穏に、鮮烈に表現する「文学的ゴシック」。古典的傑作から現在第一線で活躍する作家まで、多彩な顔触れで案内する。

うなぎ
浅田次郎選
日本ペンクラブ編
庶民にとって高価でも何故か親しみのあるうなぎ。そのうなぎをめぐる人間模様。岡本綺堂、井伏鱒二など、小説九篇に短歌を収録。（平松洋子）

泥酔懺悔
朝倉かすみ、中島たい子、瀧波ユカリ、平松洋子、室井滋、中野翠、西加奈子、山崎ナオコーラ、三浦しをん、大道珠貴、角田光代、藤野可織
泥酔せずともお酒を飲めば酔っ払う。お酒の席は飲める人には楽しく、下戸には不可解。お酒を介した様々な光景を女性の書き手が綴ったエッセイ集。

つげ義春コレクション（全9冊）
つげ義春
マンガ表現の歴史を変えた、つげ義春。初期代表作から「ガロ」以降すべての作品、さらにイラスト・エッセイを集めたコレクション。

ビブリオ漫画文庫
山田英生編
古書店、図書館など、本をテーマにした傑作漫画集。主な収録作家――水木しげる、永島慎二、松本零士、つげ義春、楳図かずお、諸星大二郎ら18人。

将棋エッセイコレクション
後藤元気編
プロ棋士、作家、観戦記者からウェブ上での書き手まで――「言葉」によって、将棋をより広く、深く、鮮やかに楽しむ可能性を開くための名編を収録。

将棋　観戦記コレクション
後藤元気編
棋譜からだけではわからない、人間同士の戦い。数々の名勝負が、個性的なエピソードやゴシップとともによみがえる。文庫オリジナルアンソロジー。

吉行淳之介ベスト・エッセイ
吉行淳之介
荻原魚雷編
創作の秘密から、ダンディズムの条件まで。「文学」「男と女」「紳士」「人物」のテーマごとに厳選した、吉行淳之介の入門書にして決定版。（大竹聡）

田中小実昌ベスト・エッセイ
田中小実昌
大庭萱朗編
東大哲学科を中退し、バーテン、香具師などを転々とし、飄々とした作風とミステリー翻訳で知られるコミさんの厳選されたエッセイ集。（片岡義男）

色川武大・阿佐田哲也ベスト・エッセイ
色川武大／阿佐田哲也
大庭萱朗編
二つの名前を持つ作家のベスト。文学論、落語からタモリまでの芸能論、ジャズ、作家たちとの交流も。もちろん阿佐田哲也名の博打論も収録。（木村紅美）

暴走する正義　巨匠たちの想像力〔管理社会〕　日本SF作家クラブ企画協力

星新一「処刑」、小松左京「戦争はなかった」、水木しげる「こどもの国」、安部公房「闖入者」、筒井康隆「公共伏魔殿」ほか9作品を収録。（真山仁）

巨匠たちの想像力〔文明崩壊〕　たそがれゆく未来　日本SF作家クラブ企画協力

小松左京「カマガサキ二〇一三年」、水木しげる「宇宙虫」、安部公房「鉛の卵」、倉橋由美子「合成美女」、筒井康隆「下の世界」ほか14作品。（盛田隆二）

蛙の子は蛙の子　阿川弘之　阿川佐和子

当代一の作家と、エッセイにインタヴューに活躍する娘が、仕事・愛・笑い・旅・友達・恥・老いについて本音で語り合う共著。（金田浩一呂）

カレーライスの唄　阿川弘之

会社が倒産した！　どうしよう。美味しいカレーライスの店を始めよう。若い男女の恋と失業と起業の奮闘記。昭和娯楽小説の傑作。（平松洋子）

ぽんこつ　阿川弘之

文豪が残した昭和のエンタメ小説！　時は昭和30年代、知り合った自動車解体業「ぽんこつ屋」の若者と女子大生。その恋の行方は？（阿川佐和子）

末の末っ子　阿川弘之

五十代にして「末の末っ子」誕生を控えた作家・野村耕平は、執筆に雑事に作家仲間の交際にと大わらわ。昭和ファミリー小説の決定版！（阿川淳之）

あひる飛びなさい　阿川弘之

敗戦のどん底のなかで、国産航空機誕生の夢を実現させようとする男たち。仕事に家庭に恋に精一杯生きた昭和の人々を描いた傑作小説。（阿川淳之）

私の「漱石」と「龍之介」　内田百閒

師・漱石を敬愛してやまない百閒が、おりにふれて綴った師の行動と面影とエピソード。さらに同門の友、芥川との交遊を収める。（武藤康史）

阿房列車　——内田百閒集成1　内田百閒

「なんにも用事がないけれど、汽車に乗って大阪へ行って来ようと思う」。上質のユーモアに包まれた、紀行文学の傑作。（和田忠彦）

立腹帖　——内田百閒集成2　内田百閒

一日駅長百閒先生の訓示は「規律ノ為ニハ。千頓ノ貨物ヲ雨ザラシニシ。百人ノ旅客ヲ轢殺スルモ差支エナイ」。楽しい鉄道随筆。（保苅瑞穂）

冥途
——内田百閒集成3
内田百閒
無気味なようで、可笑しいようで、怖いようで。曖昧な夢の世界を精緻な言葉で描く、「冥途」「旅順入城式」など33篇の小説。（多和田葉子）

サラサーテの盤
——内田百閒集成4
内田百閒
薄明かりの土間に死んだ友人の後妻が立っている。——映画化された表題作のほか「東京日記」「東海道刈谷駅」などの小説を収める。（松浦寿輝）

間抜けの実在に関する文献
——内田百閒集成6
内田百閒
教師時代の懐かしく微苦笑を誘う思い出話、じわじわと効いてくる追悼文など、百閒の凄みがその底に見える、交友録をおさめた巻。（堀江敏幸）

贋作吾輩は猫である
——内田百閒集成8
内田百閒
一九〇六年、水がめに落っこちた「漱石の猫」が蘇る。漱石の弟子、百閒が老練なユーモアで練りあげた『吾輩は猫である』の続篇。（清水良典）

ノラや
——内田百閒集成9
内田百閒
百閒宅に入りこみ、不意に戻らなくなった愛猫ノラの行方を嘆じ続ける表題作を始めとして、猫の話ばかりを集めた22篇。（稲葉真弓）

まあだかい
——内田百閒集成10
内田百閒
還暦祝いより十数年に及ぶ摩阿陀会を舞台にかつての生徒たちとの交流、自らの老いを軽妙に描く。会恒例百閒先生ご挨拶は秀逸。（内田道雄）

タンタルス
——内田百閒集成11
内田百閒
酔わせてくれるものは酒、飛行機、船。飢渇の亡者の名を冠した表題作を始め心地良いものを追い求め羽化登仙の感興を語る随筆集。（内田樹）

たらちおの記
——内田百閒集成13
内田百閒
早くに亡くなった父の姿を描く表題作をはじめ幼年時代の思い出、古里岡山のことなど懐かしき日々を味わい深くつづった随筆集。（小川洋子）

辺界の輝き
五木寛之
沖浦和光
サンカ、家船、遊芸民、香具師など、差別されながら漂泊に生きた人々が残したものとは？　白熱する対論の中から、日本文化の深層が見えてくる。

仏教のこころ
五木寛之
人々が仏教に求めているものとは何か、仏教はそれにどう答えてくれるのか。著者の考えをまとめた文章に、河合隼雄、玄侑宗久との対談を加えた一冊。

ちくま文庫

鉄道《てつどう》エッセイコレクション
――「読《よ》み鉄《てつ》」への招待《しょうたい》

二〇一八年三月十日　第一刷発行
二〇一八年六月十五日　第二刷発行

編者　芦原伸（あしはら・しん）
発行者　山野浩一
発行所　株式会社　筑摩書房
東京都台東区蔵前二―五―三　〒一一一―八七五五
振替〇〇一六〇―八―四一二三
装幀者　安野光雅
印刷所　中央精版印刷株式会社
製本所　中央精版印刷株式会社

ISBN978-4-480-43504-0 C0195